그때 그리고 지금

CONTENTS

06
PART 1   잘 익은 묵은지처럼

9   소년의 분노
25   귀환하라. 명령이다!
47   팔십 년을 사는 동안
62   나의 고향 동막골
75   어머니의 숨결
88   양철지붕집 건너방
104   상처 많은 영광
114   술로 지킨 동창회장 자리
122   오페라 여행

128
PART 2   에디슨은 전기 마피아?

- 131   프랑스를 위대하게 만든 프랑스의 Msr. Dog을 위하여!
- 153   고향에서의 화형식
- 170   청계천에 조국 근대화의 공적비를
- 190   기술자립을 위한 프로젝트
- 205   원자력에너지로 바닷물을 민물로

216

PART 3   또다른 과학의 길

219   딸 바보와 짧은 바지 가족
237   따지다보니 인공지능
245   불쌍하고 아픈 사람들에게 도움을 줄 수 있다면
259   김법린 박사의 당부
273   준수에게

277   필자들을 소개합니다

PART 1

잘 익은 묵은지처럼

▸ 소년의 분노
▸ 귀환하라, 명령이다!
▸ 팔십 년을 사는 동안
▸ 나의 고향 동막골
▸ 어머니의 숨결
▸ 양철지붕집 건너방
▸ 상처 많은 영광
▸ 술로 지킨 동창회장 자리
▸ 오페라 여행

소년의 분노

장 문 희

　소년은 자신의 팔 길이 두 아름만큼이나 굵고 썩은 포플러 나무 가로수가 줄지은 신작로를 걸었다. 늙은 버스가 툴툴거리며 흙먼지를 잔뜩 먹이고는 가버린다. 소년은 버스에게 감자를 먹이곤 씨부렁거린다. 포플러 나무 신작로 그늘을 벗어나 폭이 좁은 논두렁길로 접어든다. 집으로 가는 지름길이다. 고향의 냄새가 짙게 베인 중학교 때까지 수없이 다니고 다닌 길이다.
　우리 집은 농사를 지을 사람도 없었기 때문에 다른 집처럼 농사를 짓지 않았다. 단지 일꾼을 사서 몇 떼기 논에서 생산한 쌀과 집 뒤 밭에서 수확한 약간의 보리, 밀, 콩, 조 등으로 여덟 식구(할머니, 부모, 누나 두 명, 나, 그리고 여동생과 남동생)가 어렵게 끼니를 때웠다. 거의 매일 한 끼는 국수였던 것 같다. 감자와 조, 수수는 그때 질려 지금도 잘 먹지 않는다. 다른 집보다 조금은 나았지만 당연히 보릿고개도 힘들게 겪었다.

집안에 벼슬을 한 조상님은 없었지만 대대로 가난한 선비 집안이었다. 증조할아버지와 할아버지가 쓴 글 몇 점을 지금도 고향 집에 보관하고 있다. 집안 내력 덕분에 아버지는 제(나이)때에 정식교육을 받았고 대구사범학교를 가고 싶어 했지만 할아버지의 반대(아마도 경제 사정 때문이었을 것 같다)로 대구공업학교(지금의 대구공고)에 갔다고 했다. 건축을 공부한 후 경북도청에서 근무하다가 할아버지가 돌아가신 후 끝내 원했던 학교 교사가 되었다. 그때 공부한 건축지식으로 나중에 집을 새로 지을 때 직접 기초설계를 하였다.

아버지는 평생 교육자였고, 집안을 이끌 장남으로서 지켜야 하는 두 가지는 '가정생활의 4가지 근본(居家四本)'과 '분수를 지키고 만족할 줄 알아야 한다(守分知足).'는 가훈이다. 이 가훈의 핵심은 책을 많이 읽고, 화목하고 순하게 지내고, 부지런하고 검소하며, 순리에 따르고, 욕심을 내지 말라는 것이었다. 그래서 학교 공부를 포함 거의 모든 것을 스스로 익혀야 했다. 지금도 궁금한 것은 '왜, 아버지는 그때 내게 한문을 안 가르쳐 주었는가?' 하는 것이다. 그렇다고 그것이 서운하고 섭섭한 것은 아니지만 그때 배웠더라면 여러모로 도움이 되었을 텐데…. 난 그래도 큰누나에게 학교 공부를 많이 배웠다. 큰누나가 내 선생님인 셈이다.

아버지는 내가 다니는 학교의 선생님이었기 때문에 학교를 같이 다녔다. 그렇지만 졸업할 때까지 한 번도 내 담임을 한 적은 없었다. 아버지가 선생님이라고 해서 특혜를 받은 것은 더더욱 없다. 오히려 담임선생님의 감시대상이었고 다른 애들에 비해 꾸중을 더 많이 듣고 매도 더 많이 맞은 것으로 기억한다. 당시에 우리에겐 딱지, 구슬 외에는 변변한 놀이도구도 없었다. 친구들과 여자애들의 고무줄놀이를 방해하면서 고무줄 끊는 장난이 그래도 최고의 놀이였다.

하루는 학교에서 집으로 돌아오는 길에 동네 친구들과 넓은 개울가 둔덕에 앉아서 돌로 물 폭탄 놀이를 한 적이 있었다. 빨래하던 아주머니들이 물 튄다고 야단을 쳤지만 우리는 못 들은 척 하고 놀이를 계속하고 있었다. 난 그때 여자아이들이 징검다리를 건너는 것을 미처 보지 못 하고 물 폭탄을 크게 만들기 위해 힘껏 돌을 던졌다. 불행히도 그 돌은 징검다리를 건너던 한 아이의 머리를 스쳤고 아이는 물 위로 쓰러졌다.

옆에서 빨래하던 한 아주머니께서 우는 아이를 일으키면서 '머리가 깨졌다'라고 소리를 쳤다. 얼핏 보니 피가 흐르고 있었고, 아이는 더 크게 울부짖었다. 아주머니는 개울 옆집에 가서 된장을 얻어와 찢어진 상처 부위에 발라 주면서 우리들 보고 큰소리로 욕과 고함을 쳤다. 겁이 나서 우리는 집으로 줄행랑을 쳤다.

아이 부모가 찾아오지는 않을까, 어머니께 이야기해야 하나, 아버지가 알게 되면 어떻게 할까? 두려움에 떨며 방에서 꼼짝을 안 했다. 저녁도 먹지 못했다.

어떻게 알았는지 그날 저녁 아버지는 내가 도망을 가지 못하도록 방문을 걸어 잠그고 회초리 2~3대가 부러질 때까지 종아리를 쳤다. 종아리에서 피가 줄줄 흐를 정도로…. 어머니가 보다 못 해 말리다가 방문을 열어주어 그 길로 뒷집으로 도망을 가서 그날 밤은 그 집에서 잤다. 다음 날 친구 도움으로 겨우 학교에 갔다. 결석은 생각도 할 수 없었다. 아버지는 정말 엄했다. 내겐 큰 두려움의 존재였지만 그래도 어린 내가 기대야만 하는 묵직한 기둥이었다.

선비 집안인 아버지의 뜻을 거슬러서는 안 된다는 것을 알게 해 준 것은 어머니의 가정교육 영향이었을 것이다. 그런 아버지가 내가 5학년이던 어느 날부터 뭔가 이상했다. 아버지는 집에 들어오는 날이 불규칙했고, 학교도 출근하지 않는 것 같았고, 간혹 잠결에 진한 약주 냄새가 나긴 했지만, 그렇다고 무슨 일이든지 나에게 말해준 적은 없다.

  세월이 흐른 후 아버지는 '교원노조' 지역책임자였다는 것을 알았다. 반공을 국시로 삼은 군사정부에서 노조 운동은 사회주의 혁명의 씨앗이고 뿌리째 뽑아냈어야 할 적폐였다. 1974년 고향 면사무소에서 방위로 병역 근무를 하고 있을 때 지서(지금의 파출소) 일을 도와주다가 우연히 〈주의 인물 명단〉에서 아버지의 이름을 보았다. 그때는 연좌제가 적용되는 시대였지만 아버지의 사건이 내가 사회로 나가는 데 방해가 된 적은 없었다. 아버지는 약 5년 가까운 고통과 인내의 시간을 보낸 후 복직 시험을 치르고 다시 학교로 돌아왔다. 내가 중학교 3학년 전후 무렵이었던 것 같다.

  아버지의 실직으로 집안은 경제적으로 매우 어려워졌다. 아버지 월급 외에 수입이 없었는데 그 월급이 한순간에 끊긴 것이다. 어머니가 재봉틀을 잡았다. 어떻게든 몇 푼이라도 벌어야 했다. 아버지는 노동력도 없는 보통 선비였을 뿐이었다. 집안 살림은 어머니 몫이었다. 할머니도 매일 집 뒷밭에 가서 뭐라도 가꾸려고 했다.

  경제적인 어려움이 컸지만 어린 우리 5남매는 부모에게 아무런 도움이 되지 못했다. 어떻게든 말썽 안 일으키고 어머니 눈치만 보면서 조심했지만 난 밤마다 동전치기 도박에 손을 대면서 어머니 속도 많이 썩였다. 어머니는 솜씨가 좋았는지 먼 동네에서도 주문이 들어오곤 했다. 난 어머니가 만든 한복을 전해주는 심부름을 했다. 더운 날도 추운 날도 먼 길을 마다않고 갔는데 옷값을 미룰 때는 어린 마음에도 화도 났었다. 그래도 어머니는 그냥 '알았다'고만 했다. 난 화가 치밀어 죽겠는데….

앉은뱅이 재봉틀은 어머니의 역사가 되어 고향 집 어머니 방에 아직도 그대로 있다. 어머니의 고생만으로는 생활환경이 나아지기는 어려웠다. 모르기는 해도 빚도 많이 있었던 것 같다. 아버지가 복직했어도 경제 사정이 별로 나아지지 않았던 것은 갚아야 할 빚 때문이었다.

중학교 1학년이던 어느 날 옆집 아저씨가 조그마한 지게를 하나 가져왔다. 어머니가 부탁해서 만들었다고 했다. 보통 지게보다 상당히 작았다. 내 왜소한 몸에 맞도록 작게 만들었다고 했다. 중학교 시절 토요일 오후와 일요일은 친구와 함께 산에 땔감을 하러 다녔다.

서툴고 솜씨가 없어서 친구보다 항상 적게 했지만 그래도 집에 도움은 되었다. 그 당시 모든 산이 헐벗었기에 때로는 집에서 먼 산으로 가기도 해서 아침에 가면 저녁 무렵에 허기진 배를 잡고 돌아오기도 했다. 서툰 솜씨 때문에 손에는 그때 다

친 흔적이 지금도 남아 있다. 어려웠던 어린 시절에 대한 기억을 되살려주는 나의 영광스런 상처이다.

어려운 집안 사정 때문에 중학교 3학년 때 남들 가는 수학여행도 못 갔다. 학교에서 배운 경주의 역사와 산업도시 포항의 더 넓은 세상을 볼 수 있는 기회였는데. 물론 못 간 친구들도 있었다. 철없는 때였기는 했지만 어려운 집안 사정보다 수학여행 못 간 것이 더 괴로웠고 화가 났다. 아버지의 실직은 나에게 분노로 돌아왔다. 어머니께 무척 반항했던 것 같다. 나도 어려운 집을 위해 할 만큼 했었는데…. 어려운 가정형편에도 나름 공부를 잘 했었는데…. 어머니는 어린 마음을 다치게 한 것을 평생 미안해했다. 그러나 난 고등학교 때도 수학여행(설악산)을 가지 못했다. 아버지의 실직 후유증 때문이었다. 난 아직도 설악산을 제대로 가보지 못했다. 산 아래 주차장까지 가본 것이 전부다. 가보고 싶지만 잘 안 된다.

바람 한 오라기 없는 뜨거운 여름이다. 그녀는 투박하고 울퉁불퉁한 대청마루에 엎어져 있다. 편안하게 엎드려 있고 싶은데 그게 안 된다. 헐렁한 옷으로 가려있지만 그녀는 뼈만 앙상하게 남아 있다. 그림에서나 본 적이 있는 피부가 없는 뼈 구조의 인체 모습 그대로이다. 그녀의 벗은 몸을 본 적이 있어서 안다.

　마루와 닿는 뼈 부분이 아파서 엉거주춤 엎어진 자세인 것이다. 움직임은 없지만 그녀의 가녀린 어깨 오르내림에 숨은 쉬고 있음을 알 수 있다. 나를 쳐다보는 얼굴도 해골에 피부만 겨우 붙어 있는 모습이다. 눈빛은 무섭도록 날카롭고 얼음처럼 차가웠지만 무언가의 애절함이 가득했다. 난 그녀가 말이 없어도 그녀의 눈빛이 무슨 뜻인지 안다. 무엇이라도 좋으니 제발 먹을 것을 달라는 것이다. 아니 어쩌면 '나도 너처럼 싱싱하게 살고 싶다'라고 절규하는 눈빛이었으리라.

　그러나 내겐 그녀에게 줄 수 있는 것이 아무것도 없다. 부엌도 뒤주도 열쇠로 꼭꼭 잠겨 있다. 어머니가 그렇게 해두었다. 설사 문이 열려있다 해도 무언가 먹을 수 있는 것을 찾아낸다는 것은 지금 상태의 그녀로서는 불가능하다. 집에 먹을 것도 없었지만 거의 모든 음식이 그녀에겐 독약이다. 그래서 어머니는 그녀가 음식에 접근하는 것을 원천적으로 막아놓은 것이다. 그녀나 나는 그냥 서로 쏘아보기만 할 뿐이다. 집에는 그녀와 나 외에 아무도 없다. 어머니가 집에 있지 않으면 나는 그녀의 감시자다. 제대로 움직이지도 못하는 그녀의 상태를 보면 감시할 필요도 없었지만.

　나도 지쳐간다. 큰나무의 자투리 그늘이 앉은 뜨락 끝에 그녀에게 등을 돌리고 엉덩이를 걸친다. 앞집 초가지붕 너머 멀리 유학산(839m) 정수리 부근 선돌(난 그렇게 부른다.)이 보인다. 유학산은 6·25전쟁 사에서 중요한 산이다. 백선엽 장군의 다부동 전투와 왜관 낙동강 전투의 중심지였다. 그 산 옴팍한 골짜기들로 그늘이 들어차기 시작한다. 마당에 있는 화초와 담벼락 나무들의 잎들이 햇볕에 지쳐 시들해져 있다. 지칠 법도 하다. 비가 안 온 지 꽤 된 것 같다. 햇살이 비틀거릴 때쯤이면 우물물을 길어 시들해진 화초를 목욕시키는 것도 내 일이다.

엉덩이를 툭툭 털고 마루 위 그녀를 올려다봤다. 자세가 옆으로 기울어져 있다. 넘어졌을까? 아무 소리도 못 들었는데. 난 조금 두터운 요를 마루 위에 깔고 그 위에 그녀를 조심스럽게 눕혔다. 몸집이 왜소했던 나에게도 그녀는 정말 깃털처럼 가벼웠다. 그리곤 부채로 살랑살랑 그녀에게 바람을 보냈다. 나도 배가 고프고 힘이 없다. 우물물을 길어올 양동이가 눈에 거슬린다. 40여 미터 떨어진 우물까지 적어도 열 번 이상은 왕복해야 하는데….

그녀는 나의 큰누나로 3살 터울이다. 큰누나는 몸이 왜소했던 걸로 기억하지만 50여 년 전의 기억의 샘은 거의 메말라 버렸다. 큰누나 사진도 한 장 없다. 그 일이 있은 후 부모님은 큰누나의 모든 흔적을 지웠다. 큰누나는 공부도 잘했었던 것으로 기억한다. 먼지가 풀풀 나는 허름한 시골 중학교에서 큰누나는 대구에 있는 제일여자상업고등학교에 들어갔다.

1965년, 그 당시 대구에서 최고의 실력으로 인정받는 상업계 학교라고 했다. 큰누나는 매우 도노했다. 자기 것만 챙기고 배려하는 마음도 별로 없었다. 작은누나와 동생들은 큰누나 앞에서는 고양이 앞의 쥐처럼 행동했다. 난 장남이라 그런지 큰누나에게 많이도 대들었다. 누나에게 대든다고 어머니는 경을 쳤을 테고. 그래도 큰누나는 내가 초등학교 시절에 학교 공부를 가장 많이 도와주었다.

큰누나가 첫 겨울방학 때 집으로 왔다. 왠지 여름방학 때와는 달리 힘이 없어 보였지만 이상하게 더 예민해 보였다. 가끔 어머니와 언쟁도 벌였다. 어머니를 제외한 온 가족(할머니, 아버지, 작은누나, 나, 여동생, 남동생)은 그런 상황을 애써 외면했다. 집안에는 팽팽한 긴장이 감돌았고 그런 어느 날, 아랫목에 배를 깔고 만화책에 흠뻑 빠져있는 내게 "문희야, 만화책 그만 봐라"라고 짜증을 부렸다. 난 "큰누나, 왜 그래, 만화책을 왜 못 보게 해?"라고 대꾸했다. 큰누나는 뜬금없이 "공부해라, 그래야 나중에 필요한 사람이 된다."라고 했다. 부탁이라며 통사정을 했고 심지어 약속하자며 새끼손가락을 걸자고 했다. 그때가 내가 중학교 1학년이었다. 공부보다는 잡기에 더 흥미를 붙일 때였다. 돈이 없으니 집에 있는 뭔가를 주고 만화책을 빌려 보는데 빠졌었다. 밤에는 동네 아이들과 동전치기 화투도 했다. 어머니 지갑과 작은누나 돼지 저금통에도 손을 댔다. 아이들 화투장에 경찰이 쫓아오기도 했다. 어머니가 경찰에 알렸을지도 모른다.

그래도 내 행실을 어머니가 아버지에게 이르지는 않은 것 같았다. 그러나 어머니에게는 수없이 혼이 났었다.

그런데 큰누나가 내게 왜 그런 말을 했을까, 어머니가 큰누나에게 내 행실을 이야기 한 것일까, 그래서 내 행실을 고치려고 그랬을까, 아니면 큰누나가 내게 그런 꿈을 가진 것이었을까, 큰누나는 꿈을 이룰 수 없다는 것을 알고 대신 이루길 바래서일까?

그렇지만 돌이켜보면 큰누나의 그 충고가 오늘의 나를 있게 했다. 그 이후 시간이 갈수록 어머니의 꾸중은 차차 줄어들었고, 마음잡아 공부한 덕분에 2년 후 나는 큰누나처럼 대구 명문 고등학교에 들어갔다.

큰누나는 겨울방학을 마치고도 학교로 돌아가지 않았다. 당뇨병이 심해 휴학을 했다고 했다. 그땐 당뇨병이 얼마나 무서운 병인지 알지 못했다. 어머니는 그 병을 돈 많이 드는 '부자

병'이라고 했다. 먹어서는 안 되는 음식이 많고, 고기 등 비싼 음식을 먹어야 된다고 했다. 비싼 인슐린을 구하기가 어려웠던 집안 형편에 식이요법 치료뿐이었는데 그마저도 어려웠다.

그래서 큰누나는 항상 배고파했다. 어머니의 눈을 피해 아무것이나 닥치는 대로 먹었다. 영양가도 없는데 배가 만삭인 것처럼 불렀다. 어머니는 궁여지책으로 부엌이고 뒤주고 방들을 잠그는 방법을 택했다. 그러나 별 효과가 없었다. 아직 힘이 남아 있을 때는 망치 등으로 자물쇠를 부수고 먹을 것을 찾아내곤 했다. 큰누나의 모습은 날이 갈수록 여위어가기 시작했다. 시간이 갈수록 말라가는 모습은 보기에도 겁이 났고 메마른 눈빛은 더욱 날카로워졌다.

고등학교 2학년 여름방학 때 잠깐 고향 집에 다니러 갔다. 그래 봐야 대구에서 약 40킬로미터, 100여 리인데 방학 때 아니면 집에 가지도 못했다. 내가 가진 모든 시간을 공부하는데 쏟았다. 큰누나와의 약속이 나를 무겁게 짓누르고 있었기 때문인지도 모르겠다. 어차피 돈도 없었다. 초라해지는 큰누나를 대면하는 것도 두려웠다. 작년 여름과 별로 달라진 것 없는 여름이었고 집이었다. 그러나 집안의 분위기가 달랐다.

큰누나가 보이지 않았다. 어머니는 큰누나가 끝내 당뇨 합병증으로 초봄에 죽었다고 했다(호적을 보니 죽은 날짜가 3월 20

일이었다). 눈 감기 전에 내 이름도 불렀다고 했다. 숨이 턱 막히고 가슴이 먹먹해졌다. 큰누나는 미성년자라 조상이 묻혀있는 선산에 가지 못 하고 공동묘지에 묻혔고, 어머니 가슴에 한(恨)으로 묻혔다. 누구에게도 알리지 않았고 앞집 아저씨 혼자서 한밤중에 묻었다고 했다. 할머니도 부모님도 동생도 그 누구도 묘지에 가지 않았다고 했다. 그래서 집안 누구도 큰누나의 묘지를 아는 사람이 없다. 나중에 호적을 보니 큰누나 나이 만 20세에 20일이 모자란 때였다.

 큰누나의 죽음은 소년 시절의 내게 두 번째의 분노를 안겨주었다. 분노의 대상이 무엇이었는지는 모르겠다. 똑똑하고 도도했던 큰누나는 아프지만 않았더라도 분명히 본인도 만족해하였을 그 무엇인가를 이루었을 거다. 큰누나가 꽃도 피우지 못 하고 일찍 꺾인 것이 너무 안타까웠고 울분이 치솟았다. 그러나 아버지의 실직으로 인해 나를 분노하게 했을 때와는 달리 그 분노를 폭발시킬 대상이 없었다. 그냥 가슴 속에 묻었다. 누구를 상대로 그랬는지 모르지만 '두고 보자'고 하면서.

 아버지의 실직과 큰누나의 죽음은 내가 철없던 사춘기에 있었던 일이다. 나에게 그 충격은 너무 컸다. 교육자 집안이었고 주위에 비해 나름 괜찮았던 생활환경은 하루아침에 나빠졌다. 큰누나의 죽음은 나빠진 가정환경 탓일 수도 있지만 생각해보면 그 당시에는 분명히 고치기 어려운 병이었을 거다. 그 두 사건은 나에게 대상 없는 분노를 불러일으켰지만 내가 할 수 있는 것은 아무것도 없었다. 선비 집안의 피 흐름 탓이었을까, 내가 강단이 없었던 탓일까, 큰누나와 약속 때문이었을까?

힘들었고 어려웠던 시기를 잘 버텨냈다. 가족을 걱정하게 하지는 않았다. 고등학교 때 사귄 친구의 도움도 컸다. 어쩌면 분노가 약이 되었는지도 모르겠다. 이것저것 형편도 안 되었으니 공부에만 전념한 것 같다.

고3 때 방을 얻어(할머니와 자취) 있던 집주인이 만화방을 했기에 만화도 열심히 봤다. 그리고 서울대를 다니고 미국 MIT에서 박사학위를 받았다. 시골 소년이 대박을 터뜨린 것이다. 지금도 난 웬만한 잡기는 다할 줄 안다. 그래서 '어릴 때 배운 버릇이 여든도 간다'는 속담을 믿는다.

고향 집 현관에 섰다. 지금 고향 집은 그 옛날 집이 아니다. 1995년 칠순 한 달을 앞두고 돌아가신 아버지가 돌아가시기 1년 전 옛집을 허물고 단층으로 새로 지었다. 대청마루도 뜨락도 없다. 도시계획 때문에 마당 크기도 줄어들었다. 유학산도 집 옥상에 올라가야 보인다. 앞집도 초가집을 허물고 2층으로 지었고, 동네 한가운데 밭이었던 곳에 5층 연립주택이 들어서 있기 때문이다. 집안에는 아버지의 묵직했던 침묵도, 큰누나의 날카롭고 애절했던 눈빛의 흔적도 없다. 다만 난 아직도 아버지 서재의 많은 책과 유품들을 그대로 두고 있다. 고향 집에 들르면 서재에서 잠을 잔다. 평생 한으로 맺힌 자식의 죽음과 23년 먼저 간 남편을 가슴에 묻고 살았던 어머니도 아버지가 돌아가신 그 무렵에 이승을 떠났다. 안타깝지만 집안의 역사가 서서히 망각 속으로 사라지면서 희미해지고 있다.

큰누나가 묻혔던 공동묘지는 이젠 흔적도 없다. 꾸불꾸불 흙먼지를 밟으며 초·중학교 때 낙동강으로 소풍 가던 길옆으로 낮게 엎어진 구릉 지역이 공동묘지였다. 그 구릉지는 반듯하게 깎였고 첨단산업의 상징인 반도체 공장이 들어서 있다. 어머니가 지으신 한복을 들고 잔걸음으로 한없이 걷던 논두렁 길도 모두 다 없어졌다. 늙은 포플러 나무가 만든 그늘을 짓밟으면서 툴툴거리던 삼천리 버스(삼천리는 버스회사 이름임)가 다니던 신작로도 없어졌다. 소년을 아프게 한 분노의 기억은 고향을 산업도시로 만든(구미산업단지) 전자산업 부품의 육중한 공장 아래 무심하게 깔려버렸다.

고향 집 거실 선반에 빛바랜 옛날 집 사진이 있다. 큰누나가 대청마루에 엎어져 있는 모습이 희미하게 보이는 듯하다. 옷소매로 사진에 쌓인 먼지를 닦아내며 소리 없이 말한다. "큰누나, 고마워, 그리고 미안해. 큰사람은 못 되었지만 그래도 내가 쓸모 있는 사람은 된 것 같아."

    50여 년의 두터운 망각의 벽을 뚫고 아무도 몰랐던 그 꿈을 못 이룬 큰누나에게 전해졌으면 한다.

귀환하라. 명령이다!

이 창 건

1950년대에 원자력을 배우러 미국원자력연구소에 간 나는 세계 여러 나라 동료들과 한 반에서 공부했다. 그때 만난 일본 친구들은 모두가 우수한 모범생들이었다. 그들은 듣기와 쓰기는 잘하는데 말하는 것이 좀 서툴러 복잡한 행정 문제가 생기면 나에게 도움을 청하는 경우가 있었다.

어느 날 시몬 이프타(Shimon Yiftah, 나중에 이스라엘 원폭기술의 아버지)가 나에게 Good Morning을 일본어로 어떻게 말하느냐고 묻길래 그것을 그의 수첩에 적어줬더니 옆에 있던 유럽 친구들도 다 옮겨 적었는데 다음 날 아침 난리가 났다.

그들 모두가 일본 친구에게 "빠가야로(일본식 욕; 바보 자식)!"

라고 큰 소리로 인사했기 때문이다. 일본 원자력산업은 그 당시 같이 훈련 받던 '빠가야로!'들이 앞장서 이끌었다.

내가 비엔나(Wien)에 50번 이상 간 것은 IAEA(국제원자력기구) 본부가 있기 때문이다. 처음엔 훈련생 신분이었지만 나중엔 기술평가위원과 그 위원회 위원장으로 몇 차례 봉사했고, 개도국에 기술원조를 위한 전문가(Expert)로도 일했다.

20년 전, 나는 미국인 런도 박사(Dr. John Rundo)와 함께 IAEA 전문가로서 아프리카 회원국에 대한 기술평가 임무를 부여받았다. IAEA 원조를 받았거나 훈련생 교육혜택을 입은 나라는 아프리카 53개국 중 50개국에 달하므로 IAEA에선 전체를 몇 개 지역으로 묶어 그중 대표적인 나라를 1주일씩 방문토록 주선해 놓은 것이다. 우리 임무는 IAEA 원조의 활용실태 파악, RI(방사성동위원소) 이용 현황, 훈련받은 기술인들의 활용상태, 인접국과의 협력 실태 및 국가과학기술개발계획을 평가·지원하는 일이었다.

우리는 IAEA에서 출발 일주일 전부터 방문국에 대한 브리핑, UN 여권발급, 신체검사와 예방주사를 맞았다. 의무실에선 끓이지 않은 물을 마시지 말라고 여러 번 경고했다. 아프리카 여행이 두 번째라는 런도는 자기가 만든 정수기를 갖고 왔는데 그것은 3중 필터로 물을 걸러내는 장치였다. 1분에 0.3

리터만 천천히 걸러내면 어떤 세균도 필터를 통과하지 못함을 확인했다기에 나는 여행 중 그의 정수기에 의존하게 되었다.

아프리카에 간 어느 날 저녁 나는 "곧 갈 테니 물을 만들어 달라"고 부탁하며 "Make water for me"라 했다. 그의 방에 들어서니 "자네, 아까 얘기가 진담이냐?"고 정색으로 묻는 것이다. 'Make Water'는 '오줌을 싸 달라'는 뜻이라는 것이다. 나 같은 촌놈이 그것을 어찌 알겠는가?

런도는 주요 방사성핵종별 및 남녀노소별로 체내에서의 체류기간을 세계 최초로 측정 발표하였으므로 방사성동위원소 이용자라면 세계 어디서나 알고 있는 유명인사였다. UN이나 IAEA 전문가가 방문하면 해당국에서 안내자 및 차량과 운전기사를 제공하는 것이 불문율로 되어 있었는데 '그 나라'에선 오히려 우리를 안내키 위해 휴가를 못 갔으니 선진국 수준의 안내비와 휴가를 못 간데 대한 위자료를 내놓으라고 윽박지르는 것이다. 샌님인 런도 박사는 울상이 되어 한숨을 내쉬며 걱정하기에 내가 나섰다. "이 문제는 내가 맡을 테니 당신은 빠지시오."

그는 나이나 학문적으로 나의 선배지만 이런 문제를 다루는 데 있어서는 내가 더 경험이 많고 숙달되어 있었기 때문이다. 지난날 공산분자들과 싸울 땐 이보다 더 험한 일이 많았으니 이 정도의 일은 충분히 헤쳐나갈 자신이 있었다.

그보다 앞서 방문한 어느 나라에선 대학에서 훈련받고 있는 ROTC 학생들을 사진 찍다가 군사기밀이라며 카메라를 빼앗으려는 것을 한 시간의 실랑이 끝에 간신히 빠져나온 일도 있었다. 악착같이 버티면 통한다는 것을 경험을 통해 알게 되었다.

우선 나는 그 나라가 UN 여권을 가진 우리를 출국금지 시키거나 감금할 것으로 보지 않았다. 만일을 위해 주요국의 현지 대사관과 국제 언론기관의 힘을 빌리기로 했다. 그리고는 "지금 우리에겐 줄 돈이 없으나 당신네가 IAEA에서 안내비와 위자료를 받을 수 있도록 적극 힘쓰겠다"는 말로 지연작전을 폈다. 그러면서 "당신네 나라 담당 장관의 공식청구서를 제출해 달라"고 했다.

정부 과장급이 안내해서 만난 장관은 험하게 생긴 거구의 사나이였다. 그런데 그 청구서를 IAEA 본부에 제출했더니 그 해 가을 IAEA 총회 때 그가 그 돈을 받겠다며 나타나는 것을 보고 다시 한번 놀랐다.

그다음에 방문한 나라도 차량과 운전기사를 보내주지 않아 우리는 렌터카를 이용해야 했다. 그러면서도 우리더러 한 시간씩 강의해 달라는 것이다. 런도는 방사성동위원소 이용에 대해 발표했고 나는 세계와 한국의 원전 현황과 전망, 훈련 실태와 기술자립 방안에 대해 설명했다. 강의 후 나는 다음 글을 흑판에 크게 썼다.

We like Africa,

We love Africa,

We need Africa in terms of Ah-Free-Car!

맨 앞줄에 앉아있던 기자들과 고관 중 그 나라의 원자력 담당 최고 책임자가 내게 다가오더니 미안하게 되었다며 Ah-Free-Car와 운전기사를 곧 보내주겠다는 것이다. 다음부터는 어느 나라에 가도 Ah-Free-Car가 우리를 맞이해 주었다.

37개월간 계속된 한국전쟁이 끝날 무렵 한국은 세계 최빈국이었다. 하늘은 푸르고 맑았으나 땅에는 상이군인, 고아, 과부 그리고 파괴된 건물 사이를 헤매는 남루한 옷의 거지들이 득실거렸다. 산은 온통 벌거숭이였고 어디를 가나 밭에는 인분을 뿌렸기 때문에 냄새가 고약해 외국인들에게 너무 민망했다.

그런 형편임에도 10여 명이 모여 원자력 세미나를 개최한 것은 그것밖에는 할 일이 없어서였다. 세미나 회원 중 공군에서 제대할 때 미군 동료로부터 선물 받은 한 권의 책이 우리가 가진 교재의 전부였기에 다음에 배울 내용을 미리 타자를 쳐 등사판으로 복사해야만 했다. 세미나 후엔 원자력법의 뼈대를 만들고 국제원자력기구(IAEA)와 USAEC와의 연락도 맡아서 했다.

지금도 후배들에게 미안하게 생각하는 것은 그때 원자력 용어의 우리말 표기를 잘못 정했다는 후회가 크기 때문이다. 방사선피폭(Exposure), 방사성폐기물(Waste), 원자로 폭주(爆走, Runaway) 등 일본 용어를 그대로 인용했기 때문에 오늘날 우리 원자력계가 사회적으로 피해를 입고 있다는 뉘우침이 크다.

미국에 도착한 첫날 밤 우리는 침대에서 자다가 떨어질 것이 두려워 매트리스를 바닥에 내려놓고 잤다. 수세식 변기 사용이 처음이라 엉덩이를 올려놓는 자리에 발로 집고 응가 했다. 세면기의 물은 밑으로 내려가니 마시기가 불편해서 물이 위로 올라오는 비데에 입 대고 마신 친구도 있었다.

1960년, 연구용 원자로에 장전할 농축우라늄과 실험기기 제작용 부품 2,000종을 구매하기 위해 3개월간 주미 한국대사관의 파견근무 명령을 받았다. 도중에 5·16혁명이 일어나자 모든 행정업무가 마비됐다. 거기에 원자력 훈련생 2명이 정신병원에 입원했는데 퇴원 후 그들을 수행·귀국시켜야 할 책임도 떠안게 되었다. 그래서 3개월 출장이 8개월로 늘어났는데도 혁명정부는 추가 체류비를 혁명적으로 해결하라는 뜻인지 한 푼도 주지 않으면서 임무수행 완수를 독촉했다.

나는 대사관 지하실 보일러 옆으로 거처를 옮겨 잠자리, 빨래와 목욕 문제를 해결했다. 그리고 주말마다 열리는 이웃 여러 대사관 파티에 참석해 배를 채웠으나 한 끼 먹고 1주일 버티기란 쉽지가 않았다. 그렇게 20주간을 반복하다 보니 위와 장에 문제가 생겼다. 가장 힘들었던 것은 곧 버리게 될 탁자 위의 음식물을 차마 체면상 차마 싸오지 못하는 일이었다. 입구에 들어올 때 내게 준 명패에 대한민국이라는 표기가 적혔기 때문에 '체면을 구겨도 되느냐' '지켜야 하느냐'에서 늘 후자를 택해야 했다. 세계 최고 부자나라에서 배고픔과 굶주림을 참아야 하는 눈물겨운 삶의 연속이었다.

요즘 국제회의 후의 북한 대표들이 파티장에서 아주 열심히 먹는 것을 볼 때마다 당시의 나를 회상하며 격세지감과 함께 그들을 동정하게 된다.

내가 보관 중인 상패 중 가장 가치 있다고 생각되는 것이 하나 있다. 그것은 베를린 장벽이 무너졌을 때 뜯어온 콘크리트 조각이다. 그 조각엔 담을 넘다가 흘린 피가 서려있을 것이다. 나는 그것을 매만지며 평화적인 남북통일, 자유가 보장되고 민주적이고 시장경제 주도로 하나 되는 한반도를 염원한다.

6·25사변으로 내 또래의 남성인구는 반으로 줄었다. 전사, 행방불명, 피랍(被拉), 자진월북 등이 원인이었다. 그런데 내 소속 부대(KLO)에서 북한에 투입된 대원들은 80% 이상이 돌아오지 못했다. 작전 중 사살되거나 체포되었기 때문일 것이다.

그들의 무덤은 산이고 들이고 바다이고 아무 데나이다. 동지들의 시신을 관에 넣어준 사람도, 땅에 묻어준 동료조차 없어 까마귀, 독수리, 여우 등이 건드렸을지도 모른다.

그들의 비석은 북녘땅 산속의 바위이고 나무줄기이며 구름기둥이리라. 별이 내려다보는 밤이면 하늘을 향해 이 민족의 가슴에 대고 바람이 소리내어 비문을 읽어 준다고 믿고 싶다.

목숨을 부지한 대원들은 계절마다 흰 장갑 끼고 대전 제2국립묘지 중앙탑 밑을 찾는다. 대리석 벽에 새겨진 전우들의 이름 밑에 흰 국화송이를 놓고 그들의 명복을 빌어주기 위해서다. 그리고는 남북통일을 염원하며 내년에 또 올 것을 기약하곤 한다. 비석에는 노상 이은상 선생의 비문이 적혀 있다.

"여기는 민족의 얼이 서린 곳,
조국과 함께 영원히 가는 이들,
해와 달이 이 언덕을 지켜 주리라.
이 땅을 사랑했기에 이 땅에 묻힌 이여!
그대의 핏자국 지워졌어도 영원하리.

그대 넋이여, 이 땅과 더불어 영원하리라."

6·25사변이 터지자 나는 고향선배 K형의 하숙집에 갔다. 그를 찾은 것은 그가 북한 문제에 대해 늘 새롭고 예리한 식견을 갖고 있어서였다. 북한군의 남침이 평소 그가 예견했던 대로 일어났으므로 앞으로 전개될 일에 대해서도 제대로 전망하리라 생각한 까닭이다. 얼마 후 다른 두 친구도 찾아왔는데 그들의 방문목적도 나와 같았다.

자정 넘어 돌아온 김 선배가 사태의 심각성을 말해줬다. 그때까지 우리는 그가 대학원 과정만 밟고 있는 것으로 알고 있었는데 그간 우리에게 밥벌이 일거리라던 업무내용이 사실은 대공산권 첩보분석 업무였고, 북한의 남침 가능성에 대한 그의 경고성 보고서 제출만도 수십 번에 이른다고 그제서야 실토했다. 일이 이렇게 되었으니 우선 몸을 피하는 것이 우선이라고 말하더니 웬만하면 자기와 같이 일해도 된다는 것이다.

그런데 그동안 논문 쓰느라 교수들과 도서관에서 빌려온 귀중한 책들을 어떻게 보관하느냐가 관건이었다. 우리는 나중에 쉽게 찾을 수 있도록 일단 근처에 묻어두기로 했다. 즉 전쟁이 1950년 6월 25일에 일어났으니 앞마당의 큰 나무에서 앞쪽으로 19.50미터, 거기에서 다시 서쪽으로 6.25미터에 구덩이

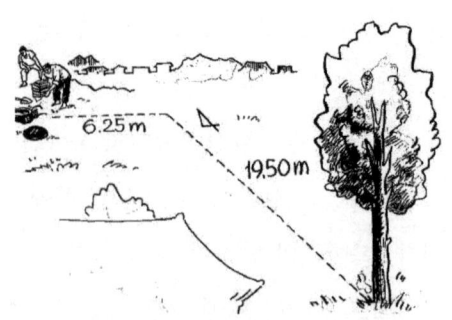

1950년 6월 25일 기해 귀중품을 묻다.

를 파묻자는 안이었다. 여기에서 앞은 중공이고 서쪽은 소련이다. 그러면 하숙집이 불타고 나무가 없어져도 그 밑둥치는 남아 있을 것이니 나중에 찾을 수 있으리라는 생각에서였다.

K형의 말을 듣고 시흥과 수원을 거쳐 대전에 간 우리는 대구로 오라는 지시에 따라 기차역에 나갔다. 객차 안에는 사람들로 꽉 차 있었고 지붕 위에도 피난민들이 개미떼처럼 올라와 있었다. 용케 우리는 기관차 꼭대기에 오를 수 있었는데 거기에도 모녀 둘이 먼저 와 앉아 있었다.

기차가 움직이자 시원한 공기가 우리를 식혀주어 기분이 좋았다. 그러나 잠시 후 터널에 들어가니 기관차 굴뚝에서 나온 연소 중인 석탄가루와 뜨거운 연기가 우리를 뒤덮는 것이다. 대전역에서 멀어지니 더 긴 터널이 나타났다. 대구까지 터널

터널 속 기관차 위에서 석탄가루와 뜨거운 연기가 뒤덮다.

이 몇 개나 있는지 아는가?

　사람과 짐이 너무 많아서인지 기차는 헉헉거리며 느리게 달렸다. 불붙는 석탄가루와 100℃가 넘는 연기가 머리, 코, 옷 속으로 스며드는 것이 마치 수십만 마리의 불개미가 온몸을 물어뜯는 것 같았다. 어렸을 때 친구들과 개천에 들어가 오래 참기 시합에선 늘 1등하던 나인데도 뜨거운 매연이 허파로 스며드니 질식할 것만 같았다. 세 번째 터널에서 나온 다음에 보니 그 모녀가 안 보였다.

　우리가 살아남을 수 있었던 비결은 숨이 끊어져도 끝까지 참은 미련함과 질식해도 추락하지 않고 자리를 지킨 삶의 끈기 덕분이었다.

여러 개의 터널을 빠져나왔을 때의 해방감은 그 무엇과도 바꿀 수 없었다. 깨끗한 공기와 햇빛과 시원한 물만 있으면 무슨 일이든 할 수 있을 것만 같았다. 공기, 햇빛, 물, 거기에 하늘, 땅, 산 그리고 주변의 모든 것에 감사드렸다.

인천상륙작전 성공으로 자신감에 들뜬 UN군과 국군은 1950년 늦가을, 중공의 거듭된 경고를 무시하고 38선을 넘어 압록강·두만강까지 올라갔다. 그런데 중공군은 그보다 먼저 밤에 산악지대의 샛길을 통해 우리 땅 깊숙이에 침투해 있다가 야간의 인해전술과 심리전으로 우리 군을 38선 아래까지 밀고 내려왔다. 판문점에서 휴전회담이 시작된 것은 그 무렵이었으나 회담은 소득 없이 2년 이상 질질 끌었다.

그러자 이승만 대통령은 UN군 사령관 밴 플리트(Van Fleet) 장군에게 철원과 화천 지역을 탈환해 달라고 간곡히 부탁했다. 국민에게 가장 필요한 것이 식량, 에너지, 물인데 철원 평야는 이름난 쌀 생산지이고 화천엔 북한강 물이 흐르고 있어 수력발전소가 있는 전략적 요충지라는 이유에서였다.

대통령의 경륜에 탄복한 밴 플리트 사령관은 최선을 다해보겠다고 했다. 그런데 사령부에선 참모들이 "휴전이 되면 장병들을 무사히 집에 돌려보낼 수 있게 될 터인데 무엇 하러 남의 나라를 위해 우리 젊은이들을 희생시켜야 합니까? 북한 산악지대에서 우리가 얼마나 당했습니까? 거기는 중공군이 득실거리는 산악지대입니다"라며 모두 반기를 들었다.

듣기만 하던 밴 플리트는 "정찰기를 띄워 현장 사진을 찍어 오라"고 명령했다. 사진을 보니 그 일대엔 탱크, 야포 등 중장비들이 포진해 있어 사령관은 즉시 폭격을 명령했다. 그런데 얼마 후엔 그 인근에 야포, 탱크, 트럭 등이 다시 배치되었다. 이런 일이 반복되자 참모들의 발언권은 더욱더 강해졌다.

그러던 어느 날, 밴 플리트 사령관이 우리 켈로(KLO)부대에 화천과 철원지역 일대의 중공군 병력 배치 실태를 직접 파악해 달라는 특별요청을 했다.

켈로부대에는 화천·철원 출신 천도교 신자들이 여러 명 있었고 그들 대부분은 단신으로 빠져나온 터라 가족과 친척들이 아직 거기에 있을 것으로 추정되었다. 그래서 우리는 그들을 주축으로 육로, 공중 투하 및 해상 침투의 3개 조를 편성해 중공군 상대의 훈련을 강화했다. 홍콩에서 입수한 중국 신문과 잡지와 일상용품 및 중공군 내의 공산당 권력구조 설명과 함께 북한 화폐, 중국 공산당 발행의 특별 감찰관 신분증을 주며 카메라와 녹음기 사용법을 습득시킨 것이다. 그리고는 중공군 군복을 입히고 소련제 개인 화기를 지급했다. 중국어를 못하는 대원들에겐 만주 출신 조선족이라는 명분을 주면서 여러가지 생활 중국어를 가르쳤다.

잠수정을 타고 해금강으로 침투한 만주 태생의 오죽송 동지는 중국인 마을에서 태어나 그곳 초능학교와 중학교에 다닌 사람이라 우리말보다 중국어가 더 유창했다. 더욱이 그는 큰소리 잘 치는 기질이 있어 적진에 들어가서도 지휘관 막사에서 먹고 자고 대우받으며 각종 정보를 정확하게 수집해 오는 데 성공했다. 그들에게 준 거액의 북한 화폐도 도움이 되었다.

그가 카메라에 담아온 중공군 탱크와 대포는 전나무를 깎아 만든 모형이고 그 표면을 페인트칠한 가짜였다. 그가 똑똑하다고 평가받은 것은 가짜무기를 제작 중인 목수들의 작업 현장, 전나무 가지를 내다 버린 계곡의 모습, 각종 작업도구와 페인트 통 그리고 공습경보가 날 때마다 피신한다는 그들의 토굴 및 목수부대 지휘관들과 중화기 모형 옆에서 함께한 모습까지 담아오는 치밀함을 보인 까닭이다.

사진을 본 밴 플리트 장군은 씩 웃더니 공격명령을 내렸다. 화천발전소가 피해를 입지 않고 우리 손에 고스란히 넘어온 것은 막강한 화력을 지닌 UN군이 목수부대가 속임수를 쓰던 지역을 무혈점령했기 때문이다.

허허실실 전략이 먹혀들어 가 재미를 보던 중공군이 오히려 그것 때문에 손해를 보게 된 것이다. 이에 자존심이 상한 중공군의 팽덕회(彭德懷) 사령관은 그곳에 2개 군단을 특파해 실지회복(失地回復)을 꾀했다. 그런데 그것이 중공군에겐 화근이 된 것이다. 그 지역을 점령한 UN군이 중공군의 역습을 예상해 전망 좋은 높은 자리에 포대(砲臺)를 구축해 놓고 기다리고 있었기 때문이다. 특히 화천 저수지 일대는 시야가 확 뚫려 있어 포격하기에 안성맞춤이고 더구나 공습하기엔 더욱 알맞은 지역이었다. 교전이 끝난 후 저수지에 떠내려온 중공군 시체만 14,000구이고, 중공군은 거기에서 적어도 24,000명을 잃었다는 것이다.

완승(完勝)을 보고받은 이승만 대통령은 화천 저수지를 '오랑캐를 무찌른 호수'라는 뜻으로 '파로호(破虜湖)'라 이름 지으며 그 휘호가 새겨진 비석을 보냈다. 그로부터 우리나라 지도엔 화천 저수지를 '파로호'라 적게 되었다. 나는 그 지역을 지날 때마다 오죽송 동지와 밴 플리트 장군을 회상하게 된다.

6·25 전쟁이 끝나가던 1953년 우리는 북한 동서해안의 거의 모든 섬들을 점령하고 있었고, 황해도 해안엔 수시로 드나들었다. 그중 황해도 은율과 초도 사이의 해변 침투와 철수가 특히

수월했던 것은 바닷가에서 20킬로미터 거리밖에 안 되는 은율에 있는 구월산 일대에 2천여 명의 반공청년들이 점령하고 있기 때문이었다. 또한 바로 앞바다의 초도엔 침투를 지원하는 중무장한 우리 부대원들이 쾌속정을 운영하고 있었다. 거기에다 급할 땐 공군지원도 받을 수 있었다. 그래서 그곳에 갔다 오는 것을 우리 부대원들 사이에서는 '외갓집에 가서 떡 얻어먹고 오는 것 같다'고 해서 나도 황해도 일대의 중공군 군수물자 비축실태 파악을 위해 갔다 온 적이 있는데 반대로 내륙 깊숙한 침투는 모두가 기피했다. 이유는 작전 중 부상당하거나 무거운 짐이 생기거나 생포한 '적'의 지휘관을 후송해야 할 경우 해안까지 걸어 나오는 일이 막막해서였다. 나는 이 문제 해결을 위해 '공중탈출기' 개발에 박차를 가하였다.

'산꼭대기의 나무를 다 잘라내고 가장자리에 한 그루씩만 남겨 놓는다. 그리고 그 두 나무 사이를 밧줄로 잇고 거기에 납치한 포로나 짐을 매단 다음 비행기가 갈고리로 줄을 낚아채는 방법이다. 이때 비행기가 낮고 천천히 접근하는 것이 무엇보다 중요하다. 또 끌려 올라가는 사람이 받는 충격을 최소화하기 위해 성능 좋은 충격흡수기(Shock absorber) 제작이 핵심과제였다.'

나는 기계과 선배의 도움을 받아 여러 개의 시제품 제작을

공중 비상탈출 장비의 사용법

거친 다음 완제품을 만들어 내는 데 성공했다. 그리고는 수십 번의 테스트를 통해 끌려 올라가는 사람의 충격이 낙하산 타고 땅을 밟을 때 받는 충격보다 훨씬 적음을 확인하게 되었다. 그러자 내륙 지방 침투를 지원하는 대원들이 많이 나타났다. 왜냐하면 해안침투와 철수의 경우 바닷가에 접근하기도 힘들지만 거기에서 선박과의 교신 비밀 누설과 배에서 내릴 때와 승선 과정에서 적병들과의 교전이 자주 일어나는 까닭이다. 그런데 공중 비상탈출 장비로 철수하면 그런 일이 없을 것이 아닌가?

그 무렵 함경도 아지트에서 소련 군사고문관을 생포했다는 연락이 왔다. 그와 공중 탈출 장비를 하나로 묶으면 전세

(戰勢)를 뒤집을 획기적인 작전을 펼 수 있을 것 같다는 생각이 들었다.

'그 소련인을 크레믈린 특사나 소련군 극동총사령관으로 변장해 중공군의 팽덕회 사령관 및 김일성과 극비회담을 산 밑에서 추진하자는 구상이다. 그렇게 해서 미리 우리가 구축해 놓은 산 정상 기지로 끌고 올라가 공중 비상탈출 장치로 데려오자는 작전이었다.'

그들에게 던질 미끼를 마련하기 위한 계획을 세워 보았다. '최근 소련에서 개발에 성공한 초강력 레이저 무기는 그 성능이 핵무기에 버금가는 위력을 지니고 있어 그것을 한반도에서 UN군과 한국군 상대로 사용해 보려 한다. 문제는 성능이 설계대로 발휘될 것이냐 또한 발사자에게 피해는 없을 것이냐이다. 그것만 확인되면 한국전을 쉽게 끝낼 수 있을 것이고 나아가 세계제패도 가능할 것으로 본다. 그러니 당신과 그 무기 공급 및 사용에 관한 극비회담을 하려 한다. 회담에는 무기전문가 한 사람과 군수참모만 대동하기 바라며 이 사실을 회담이 끝나 무기를 공급할 때까지 내부의 참모들에게도 알리지 말기 바란다'라고….

이 작전을 추진하기 위해서는 적 수뇌부의 전용 통신 암호를 알아야 하는데 우리에겐 그 능력이 없었다. 그러나 미 참모부에서는 틀림없이 그것을 알고 있으리라 생각했다. 왜냐하면 제2차 세계대전 당시 미국은 적의 최고사령부 암호를 6개월 만에 푼 전력이 있었기 때문이다. 또한 이 작전수행에선 미 공군과 해군의 협조가 절대적으로 필요했다.

그때 우리는 투항한 여러 명의 중공군 간부와 북한 군관을 심문하는 과정에서 김일성은 평양 북쪽 어딘가 지하벙커에 숨어있고 팽덕회는 평안북도 강계 근처의 폐광(廢鑛)을 사용하고 있다는 얘기를 들었다. 그래서 그들과의 회담 장소를 평양과 강계 중간지점이면 좋을 것이라 생각한 것이다.

1950년 UN군과 국군이 평양을 점령하기 전, 맥아더 사령관이 평양 북방 50킬로미터 거리인 순천과 숙천에 공수부대를 투하한 건 도망가는 김일성을 체포하기 위해서였다. 그러나 김일성 일당은 그보다 훨씬 먼저 줄행랑쳤기 때문에 맥아더의 작전은 실패로 끝나고 말았다. 말은 안 했어도 우리는 팽과 김을 생포함으로써 맥아더의 지략을 뛰어넘어보려는 야심을 갖고 작전에 임했다.

스미스 고문관이 우리에게 적극 협조하고 비밀을 지켜준 것이 큰 힘이 되었다. 그는 얼마 전 희대의 사기꾼에 걸려들어 크게 손해보고 망신당한 적이 있기 때문에 명예회복을 위한 돌파구가 절실히 필요한 입장에 놓여 있었다.

이 작전을 위해 우리는 부대에서 최정예 요원들을 선발해 훈련시켰다. 그리고 그들을 20명씩 두 팀으로 편성해 평안북도의 산악지대 두 곳에 투입한 것이다. 소련 고문관도 좋은 대우를 받고 있어서인지 1주일 후부터는 협조적으로 바꿨고 적어준 내용을 반복적으로 읽으며 녹화하고 있었다.

적 수뇌들과의 회담이 정해지면 다른쪽 산에 투입된 대원 20명을 모두 하산시켜 주변 방어에 투입시킬 예정이었다. 인력이 더 필요하면 추가 대원들을 투입할 만반의 준비도 갖추어 놓았다. 그때가 되면 동경의 GHR에 알려 공군지원을 요청할 생각이었다. 북한 내륙에 투입한 우리 대원 몇 명을 이 방법으로 데려온 바 있어 우리의 자신감은 천정 높은 줄을 몰랐다.

임진왜란은 전쟁을 일으킨 도요토미 히데요시가 죽은 지 몇 달 후에 끝났다. 그렇다면 스탈린이 1953년 봄에 죽었으니 한국전도 조만간 끝나리라 예측했어야 마땅한데 그때 우리는 그런 것을 예측지 못했다. 또 그럴 가능성을 귀띔해 주는 이들조차 없어 우리는 우리 꾀에 넘어간 것이다. 그리고 적 수뇌들을 생포해 맥아더를 뛰어넘어 보겠다는 야망이 우리 눈을 흐리게 했다는 비난을 들어도 할 말이 없다.

아, 그런데 역사는 우리가 사건을 주도하도록 허락하지 않

휴전협정이 서명되었다는 라디오 방송을 듣고 내 머리와 가슴, 손발을 후려쳤다

앉다. 1953년 7월 27일 오전, 운전하던 나는 더 이상 차를 몰 수 없어 차에서 내려 머리를 숙였다. 판문점에서 휴전협정이 서명되었다는 라디오 방송이 내 머리와 가슴과 손발을 후려친 것이다. 미 고문관들과 윗사람들은 휴전협정이 서명될 것이라는 낌새를 못 챘단 말인가? 나는 짚차 엔진 위 덮개에 손을 올려놓고 머리를 파묻고는 스스로의 무능과 상황판단 잘못을 용서해 달라고 기도드렸다.

그들의 공중투하를 며칠만 지연시켰더라면 이런 일이 안 일어났을 것 아닌가? 앞으론 보급품의 공중투하도 대원 철수도 못 하게 될 것인데 대원들의 앞날은 어찌 될 것인가? 본부에 돌아오니 초상집 같았다. 아무도 말 걸어오는 이가 없었고 어느 누구도 가까이 다가오지 않았다. 예상했던 대로 A와 B지점에 투하된 대원들로부터 불평·원망·욕지거리 전문이 쏟아져 들어왔다.

이렇게 해서 비상 공중 철수 설비 제작이라는 자그마한 성공이 적 수뇌의 체포 실패는 물론 40명 대원들의 사지(死地) 투입 참사를 초래한 원인이 되었다. 나뭇가지만 보고 숲을 보지 못한 결과였다. 현재에 집착한 나머지 미래를 내다보지 못한 불찰이었다. 동지들이 날 원망해도 좋다. 대한민국을 배신하고 김일성 정권을 옹호하는 한이 있어도 대원들이 살아있기만 바랄 뿐이다. 내가 그들과 함께 갔다면 어떻게 되었을까를 생각하니 소름이 끼쳤다. 나는 그들에게 죄인이다. 못 할 짓을 한 무능자이다. 용서해 주십시오.

팔십 년을 사는 동안

이 광 영

하늘을 날았다. 몸이 붕 떠 나지막한 우리 집 초가지붕을 넘어 들과 산을 신나게 날았다. 꿈만 꾸면 예수님 손을 잡고 하늘을 나는 것이 일상이었다. 어머니는 키 크는 꿈이라 했다. 일제시대의 국민학교(현 초등학교) 1학년, 여덟 살 때의 일이다. 나는 그 무렵 친구 따라 교회를 열심히 다녔다. 대전 대흥동에 있는 감리교회였다.

저녁 예배는 주로 성경 속 인물을 동화 형식으로 들려주는 시간이었다. 여전도사님이 손짓 발짓 온 몸을 던져 들려주시던 다윗 왕이 골리앗을 돌팔매로 쓰러뜨리는 장면은 지금도 내 기억에 생생하다. 어렸을 때 나는 꽤 영리했던 것 같다.

네 살 때, 두 살 터울인 내 여동생이 잠에서 깨어나 울자 기저귀를 채운 채 손잡고 어머니를 찾으러 나갔다. 어머니가 오실 것으로 생각한 논길을 따라 조심조심 뒤뚱뒤뚱 손잡고 가다 물웅덩이를 만났다. 논두렁에 난 작은 물길을 건너뛰어야 하는데 그 아래 웅덩이가 보였다. 너무 무서웠다. '빠지면 어떻게 하지'하는 생각으로 고민고민하고 있던 차에 어머니가 오셨다. 어찌나 좋았던지…. 지금 생각해도 아찔하다.

여섯 살 되던 해 늦여름 오후 다섯 시쯤 어머니가 나를 부르셨다. 나는 어머니가 시키는 대로 솔가지에 불을 붙여 나무에 지폈다. 그리고 삶은 통보리 쌀에 쌀을 조금 섞어 가마솥에 넣고 물을 손등에 찰 듯 말 듯 붓고 뚜껑을 덮었다. 옆의 양은 솥엔 물에 불려놓은 미역을 건져 들기름을 넣고 볶은 후 국을 끓여 밥과 함께 어머니에게 갖다 드렸다. 그리고 2킬로미터 밤길을 걸어 큰이모님을 모셔왔다. 두 번째 여동생 산바라지를 한 것이다. 나는 이 일로 두고두고 칭찬을 받았다.

내가 태어난 곳은 충북 옥천 아래 이원(伊院)에서 심천으로 가는 금강변 한 외딴 부락 산등성이에 있는 외갓집이다.

나는 일곱 살부터 여덟 살 초등학교에 입학하기까지 외갓집에서 자랐다. 어머니가 두 살 터울로 두 딸을 낳아 기르게 되어 나를 외갓집에 맡긴 것이다. 외할아버지는 원동(院洞)이란 고을에서 큰 부자였다. 앞 뒷산을 비롯해 심천으로 흐르는 금강 언저리에 기름진 논과 밭을 많이 소유하고 있었다.

마을의 가장 높은 곳에 뒷동산을 배경으로 본채와 사랑채가 있었고 양 옆으로 널따란 광을 비롯해 디딜방아와 연자방아 그리고 두 채의 소 외양간이 있었다. 가을 추수철 외할머니와 이모들이 디딜방아를 찧고 소가 끄는 연자방아를 돌릴 때 나는 주위를 맴돌며 놀았다. 본채 뒤는 동산과 맞닿은 울창한 대나무 숲이 큰 감나무를 에워싸 울타리를 이루었다. 대나무 숲 뒤로는 탱자나무가 외곽을 둘러쌌다. 널따란 장독대가 있었고 주위엔 채송화와 봉선화 등 각종 꽃이 봄부터 가을까지 피었다. 이모님은 나의 손톱에 불그스레한 봉선화 물을 들여주었다.

본채 앞으로 널따란 타작마당이 자리잡고 있었다. 타작마당에서 본채 마루까지 높이는 자그마치 2미터는 되었다. 마당에서 마루 아래 뜰까지가 1.5미터, 이곳에서 마루까지가 0.5미터로 어린애 혼자 오르내리기가 쉽지 않아 나는 나지막하게 쌓아 올린 층계를 따라 부엌을 통해 안방으로 들락거렸다. 본채를 이토록 높인 것은 옛 산적(山賊)에 대비한 것이라 했다. 외할아버지의 아버지 그러니까 외고조 할아버지가 오래전 칼과 창을 들고 덤비는 여러 명의 산적을 대청마루에서 방망이 하나로 혼자 물리칠 수 있었던 것은 기골의 장대함도 있었지만 집 구조의 힘이 컸다고 하였다.

　겨울엔 먹을 것이 넘쳐났다. 뒤뜰 처마 밑에 땅을 파고 밤송이를 묻어 두었다가 어느 때고 꺼내서 굽거나 삶아 먹었다. 곶감과 고염, 감주가 끊이지 않았다. 거의 매달 제사가 있어 저녁부터 전과 두부 부침에서 각종 나물을 무치고 밤 등 과일을 깎느라 부산했다. 외할머니 세 분과 결혼 직전의 이모 두 분 그리고 일꾼과 도움을 주는 동네 아주머니들로 왁자지껄했다. 특히 명절엔 대단했다. 동네잔치가 벌어지곤 했다. 소쿠리엔 먹을 것이 늘 가득했다.

　그래서 나는 너무 먹어 짜구가 났고 배가 볼록 튀어나와 밤이면 늦게까지 응가를 했다. 이럴 때면 개가 쪼르르 나와 내 응가를 먹어치웠다. 짜구난 손자와 조카를 위해 세 분의 외할머니와 두 분의 이모가 돌아가며 밤을 함께 지새웠다. 성장 후에도 소화기능에 문제가 있어 고생하곤 했는데 이때의 영향이 아닌가 싶다.

　외할아버지는 일찍 개화한 분이었다. 한문에 능했고 본채 한 채를 한약방으로 만들어 동네에서 환자가 생기면 약을 처방해 주었다. 육갑(六甲)을 짚어 마을의 길흉을 알려주기도 하여 찾아오는 손님이 많았다. 일꾼(머슴)을 두었지만 건장하셔서 그 많은 땅과 논 그리고 큰 산을 직접 관리했다. 한겨울에도 얇은 내복 하나면 족했다. 젊어서 먹은 산삼 덕분이라 했다. 이재(理財)에도 밝아 한때 금광을 찾아 평안도와 함경도를 누볐다.

북녘땅을 오르내리던 중 서울에서 노상전도 하는 구세군 영국인 선교사를 만나 신도가 되었다. 집으로 돌아와 곧바로 땅을 떼 구세군 교회를 세우고 사관(개신교의 목사)을 파송 받았다. 마을에 첫 교회가 들어섰다. 이 교회 첫 사관으로 파송된 분이 친할아버지다.

국민학교 2학년 때 일이다. 날씨가 제법 차가운 날 조회(朝會)를 하다 갑자기 뺨을 세차게 얻어맞았다. 기오쓰게(きをつけ: 차렷)를 했는데 움직였다는 것이다. 야단 한 번 맞은 경험이 없던 나에겐 엄청난 충격이었다. 선생님으로부터도 똑똑하다고 귀염받고 있었는데 이럴 수가…. 가라시로 센세이(せんせい: 선생). 지금도 잊지 않고 있는 이름이다. 나는 그 일로 큰 충격을 받아 학교에 갈 수가 없었다.

대전 신안동 집에서 나와 삼성국민학교로 가는 중간 지역 대전 철도국 야구장 외곽의 버드나무 둥지를 싸고돌며 놀다 귀가했다. 부모님은 이런 일을 전혀 알지 못했다. 평소에 성실한 데다 아침에 나가 학교가 파할 무렵 귀가했기 때문이다.

그러기를 몇 달. 어느 날 사이렌 소리가 요란하게 울렸고 하늘에 하얀 꼬리를 길게 그리며 무엇인가 지나갔다. B-29라 했다. 그리고 며칠 후 8·15를 맞았다. 해방이었다. 광복이 없었다면 나의 운명은 어떻게 되었을까. 그래서 광복은 나에게 남다른 감회이다.

해방 직후 지금은 휴지로도 사용할 수 없는 조악한 누런 치리가미(ちりがみ: 화장지)에 인쇄된 책과 공책(空冊)을 이용해서 한글을 깨쳤고 역사 공부도 하였다. 4학년 때 일이다. 과학에 관심을 가진 심 선생님이 담임으로 왔다. 심 선생님은 방과 후 과학반을 운영하며 코일을 감아 전기모터를 비롯하여 글라이더와 고무줄로 날리는 비행기 등을 함께 만들며 우리나라 실정에 대해 이야기해 주었다. 우리나라는 천연자원이 없어 가난할 수밖에 없다.

하지만 에디슨과 같은 발명가 한 사람만 있으면 모든 국민들이 잘 살 수 있게 될 것이다. 에디슨 이야기는 나에게 큰 감명으로 다가왔다. 한국의 에디슨이 되자. 그래서 한국을 잘사는 나라로 만들자. 과학자의 꿈은 이때부터 시작되었다. 과학 시간을 기다렸고 수학에 재미를 붙였다. 시험을 치른 다음 대전중학교에 입학했다. 입학하고 제식(制式)훈련을 받게 되었다. 땡볕에서 받는 제식훈련은 고욕(苦辱)이었다. 일요일이면 교회를 다녀와 대전중학교 뒤편 보문산(寶文山)을 자주 찾았다. 여치와 메뚜기, 따개비를 잡는 것이 취미였다. 그날도 여치를 잡으러 갔다. 풀로 엮어 처마 끝에 달아놓은 여치 집에 넣기 위해서였다.

  몇 마리 여치를 잡아 집으로 오는 길에 요란한 사이렌 소리를 들었다. 선화동 집에 가기 위해 대전 도청 앞을 지나게 되었다. 뭔가 심상치 않았다. 경찰들이 모자 끈을 내려쓰고 총을 맨 채 정문을 삼엄하게 지키고 있었다. 도청 건물 옥상엔 기관총이 걸렸고 경관 여럿이 아래를 살피고 있었다. 집에 돌아오니 전쟁이 났단다.

  1950년 6월 25일 한국전이 터졌다. 며칠 후 외할아버지가 오셨다. 걱정이 되셨다고 했다. 일단 외갓집으로 피난을 가기로 했다. 장남인 나는 새벽부터 외할아버지를 따라 먼저 대전 집을 떠나 백 리 길을 걸어 어둑어둑할 무렵 외갓집에 도착했다. 며칠 후 부모와 여동생 넷 등 일곱 식구가 합류했다. 7월 초 어느 날, 외할아버지는 일찍부터 우리를 깨웠다. 외할아버지는 새벽에 딱 한 번 육갑을 통해 그날의 운세를 본다. 육갑을 보니 오늘만이 남으로 내려갈 수 있는 운세라 했다. 내일이면 살길이 북으로 열린다며 피난 길을 재촉했다. 짐을 서둘러 꾸렸다. 아버지는 쌀과 약간의 세간을, 어머니는 간식과 옷가지를 챙겨 머리에 이었다. 바로 아래 12살 된 여동생은 4살 된 여동생, 10살 된 셋째 여동생은 2살 된 여동생을 들쳐 업었다. 아침 일찍 집을 떠났지만 심천과 영동(永同), 추풍령(秋風嶺)을 거쳐 김천(金泉) 인근에 접어드니 어둑어둑하였다.

한때의 피난민 행렬이 김천을 향해 부지런히 서둘러 가고 있었다. 바로 그때 밤하늘 머리 위로 벌건 유탄(流彈)이 핑~핑 귓전을 때리며 스쳐 지나갔다. 벌써 북한군이 가까이 온 것일까. 피난길에 오른 모든 사람이 웅성거렸다. 모두 허리를 낮추고 개천을 따라 김천 시내를 향해 낮은 포복자세로 종종걸음을 재촉했다.

다음 날 아침 용케 김천역에서 마지막 남행 열차를 잡아 탈 수 있었다. 자리는 화물 짐칸 맨 꼭대기였다. 잠시 후 화물 짐칸 꼭대기는 틈새 없이 사람들로 빼곡했다. 피난 열차는 대구를 거쳐 밀양역에 정차했다.

임시 거처인 시내 한 중학교에서 쌀과 보리를 반반 섞은 주먹밥을 먹으며 3일 정도 머문 뒤 우리는 청도(淸道) 방향으로 한참을 걸어 험준한 산으로 둘러싸인 한적한 작은 시골 초등학교에 수용되었다.

처음엔 쌀과 통보리 쌀을 반반 섞어 주었다. 날이 갈수록 쌀 양이 줄더니 한 달이 못 되어 통보리만 배급했다. 피난민들은 들녘에 나가 먹을 수 있는 나물이란 나물은 몽땅 뜯어 된장국을 끓여 푹 삶은 보리밥에 부어 쓱쓱 비벼 먹었다. 통보리 쌀도 잠시, 통밀로 바뀌었다.

밤이면 북쪽 하늘이 번쩍번쩍 빛났고 우르르~ 쾅쾅하는 천둥소리가 이어졌다. 피난민 수용소에서 산하나 넘는 지척의 낙동강에서 벌어지는 야간전투 상황이었다. 해만 지면 피난민 수용소는 물론 온 마을이 불을 껐다. 미군 폭격기가 오폭할 수 있다는 것이다. 불빛이라곤 밤하늘 별빛뿐이었다. 피난민 수용소에 온 지 얼마 되지 않아 경찰과 군에서 젊은이를 모두 차출했다. 군에 입대시키기 위해서다. 이를 용케 모면한 젊은이들은 한밤중에 불시 검문에 걸려 잡혀갔다. 아버지도 잡혀간 일이 있다. 그러나 나이가 많아 되돌아왔다.

간장과 된장 등 기본 반찬이 동이 나자 학교 교장선생님 인도로 피난민 수용소에서 꽤 떨어진 마을로 찬거리 동냥을 나갔다. 나는 대전 중학 교복과 모자를 쓰고 동냥에 합류했다. 그 마을 이장님의 안내로 여러 팀으로 나뉘어 가가호호를 방문하며 찬거리를 동냥했다. 이장님은 나를 부르더니 자기 집으로 가자고 했다. 이장님 집은 꽤 넓었다. 마당엔 옥수수며 토마토, 가지와 고추 그리고 호박과 참외 등이 자라고 있었다. 이장님이 나를 데리고 집 안으로 들어가자 내 또래의 아들이 힐끗 쳐다보며 "거지를 왜 데리고 오는기요"라며 소리쳤다. 나는 몸 둘 바를 몰랐다. 이장님은 아들을 나무리며 내 손을 잡고 "신경 쓰지 마라이"하며 방으로 데리고 들어갔다. 그러면서 점심상을 겸상으로 차려오라고 하였다.

 잠시 후 젊은 여인이 밥상을 들여왔다. 한 그릇은 보리가 많이 섞인 찬밥이고 한 그릇은 방금 지은 듯 따끈따끈한 쌀밥이었다. 찬밥이 내 앞으로 놓여졌다. 이장님은 여인이 나가자 밥상을 돌려놓았다. 그러면서 어서 많이 먹으라 했다. 내 앞에 따뜻한 쌀밥을 보면서 숟가락을 들 수가 없었다. 거듭거듭 사양했지만 어서 먹으라며 먼저 찬밥을 먹기 시작하셨다. 어쩔 수 없이 따뜻한 쌀밥을 먹게 되었다. 잠시 후 이장님은 옛 이야기를 들려주셨다.

 '젊어서 단신으로 일본 북해도 지역으로 돈 벌러 갔는데, 일본 말이 서툴러 일거리를 찾지 못했단다. 가지고 간 돈마저 똑 떨어졌지. 일거리를 찾으러 다니다 그만 추위에 지쳐 정신을 잃었는데, 얼마 후 눈을 뜨니 웬 일본인 집이었어. 일본인은 길에 쓰러진 나를 업어 집으로 옮겨 살려낸 거야. 일본인은 자초지종을 묻더니 자신의 가게에서 일하라며 잠자리와 일터를 마련해 주었고 5년 후 가게도 독립시켜 주었지. 가게를 마련해 주며 일본 주인은 옛이야기를 들려주었는데, 일본인 주인이 젊어서 어려움을 겪게 되었을 때 좋은 사람을 만나 큰 은혜를 입었단다. 그래서 사례하고자 찾아갔더니 극구 사양하며 어려운 사람 만나거든 꼭 도와주었으면 좋겠다고 당부하더란 말이지.'

이장님이 바로 그 혜택을 물려받게 되었다는 것이다. 이장님은 이런 이야기를 들려주며 커서 잊지 말고 작은 일이라도 좋은 일을 해주었으면 한다고 했다. 그러면서 자신의 이름이 한나라 한(韓) 동녘 동(東) 터 기(基)라 했다. '한동기' 지금도 그 이름과 함께 감격이 나의 가슴에 또렷이 아로새겨져 있다.

통밀을 먹기 시작하면서 피난민 수용소에 이질(痢疾)이 유행하기 시작했다. 장티푸스도 유행했다. 많은 어린이와 노인이 영양실조에 이들 질병으로 죽어 나갔다. 막내 여동생이 이때 이질로 세상을 떴고 그 위 여동생도 이질을 앓다가 대전 집까지 왔지만 어머니 품에서 내가 지켜보는 가운데 숨을 거두었다. 다섯 살이었다. 나는 이 무렵 하루 거리 - 학질(malaria)에 걸려 큰 어려움을 겪었다. 약이란 생각할 수 없었기에 그저 낫기만을 기다려야 했다.

전쟁에서 한국군이 이겼다는 소식이 전해졌다. 인천상륙작전으로 북한군이 퇴각했다는 것이다. 어느 날 고향으로 갈 사람을 점검했다. 우리 가족은 밀양으로 나와 무개차를 타고 대구까지 왔다. 대구에서 서울로 가는 열차는 잡기가 어려웠다. 궁여지책으로 피난 열차 때와 같은 화물차 지붕 위에 자리를 잡았다.

열차는 느릿느릿 김천역에 닿았다. 그리고 추풍령 터널을 오르고 있었다. 터널 속에서 기차는 힘에 지쳤는지 쿵쿵, 쿵쿵대며 뜨거운 시커먼 연기를 연신 뿜어냈다. 짐칸 위에 빼곡히 앉아있던 피난민들이 도처에서 아우성을 치며 기침을 해댔다. 기차는 얼마 후 후진을 했고 다시 칙칙폭폭 전진했다.

그러나 피난민 짐차는 터널을 넘지 못 하고 다시 뒷걸음질 했다. 이러기를 여러 번, 가까스로 터널을 빠져나와 직지사(直指寺)역에 도착했다. 탱크와 자동차 등 장비를 싣고 북으로 올라가는 미군 열차와 잠시 마주쳤다. 짐칸 꼭대기에서 한 중년의 남성이 후레이(hurray, 만세)를 연발했다. 그러면서 유창한 영어로 미군과 인사를 나누었다. 미군 병사는 이를 반기며 먹을 것을 던져 주었다.

서둘러 대전 집으로 돌아왔다. 우리 집은 인민군에 접수되었다. 그래서 어린 시절 옛 사진을 비롯해서 세간이란 세간이

온데간데없이 사라졌다. 외할아버지는 전쟁 중에 목 뒤에 난 악성 종기인 발찌가 악화되어 돌아가셨다. 발찌가 너무 심해 읍내에 나가 의사를 모셔와 수술을 받았다. 외할아버지는 수술을 받으면서 오늘 고비만 넘기면 장수할 텐데, 오늘이 고비라며 걱정하셨다. 의사가 마을을 벗어나기 전 오한 발작이 일어 결국 돌아가셨다. 마지막까지 육갑으로 본인의 운명을 점쳤지만 운명을 피해가지 못했다.

귀가 후 곧 학교를 찾았다. 교사(校舍)가 미군에 접수돼 보문산 야트막한 야산 아기능 터에 야전 칠판을 이용해 공부했다. 도처에서 아기 뼈가 나왔고 개미 등 각종 벌레가 무릎으로 기어올랐다. 공부가 될 리 없었다.

얼마 후 중공군의 개입으로 두 여동생은 친척 집에 맡기고 나만 부모님을 따라 부산으로 내려갔다. 집을 구할 수 없어 건물 담벼락을 의지해 가마니로 두른 움막을 짓고 안에 연탄불을 지펴 한겨울을 지냈다. 나는 사과 궤짝을 개조한 좌판을 매고 부산 국제시장에서 찹쌀떡, 마른오징어, 양담배 등을 팔았다. 깡패를 만나 털리기도 하였다. 죽을 고비도 여러 번 넘겼다.

전방에서 군 복무를 마치고 운 좋게 좋은 직장이라 해서 언론계에 발을 디뎠다. 조·석간 시대 조간신문인 한국일보에서 물리학을 전공하였다 하여 과학과 의학 담당 전문기자로 발탁

되었다. 1965년부터 시작된 인간 달착륙을 목표로 한, 미국의 아폴로 계획은 과학기자로서 최고의 시기를 보냈다. 밤을 꼬박 새우고 아침 일찍 동아 방송(전두환 대통령 때 언론사 통폐합으로 KBS에 합병) 등에 나가 생방송을 했다. 기자 생활은 만만치 않았다. 밤을 낮같이 31년을 보냈다. 휴일 반납은 당연히고 밤 12시 이전에 잠을 잔 것은 손으로 꼽을 정도였다. 새벽 5시까지 일하곤 인근 대중목욕탕에서 잠시 눈을 붙이고 아침 10시 회의에 들어가야 하는 날이 다반사였고 격무로 건강이 나빠져 입원도 했다. '불평'이 나올 법도 하지만 당연한 것으로 여기며 살았다. 당대를 살아온 대부분 사람들의 생활상이리라.

한마디로 감개무량하다. 내가 사회생활을 시작한 60년대 초만 해도 40대는 노털이었다. 5·16혁명이 있던 1961년 30대가 대거 군(軍)에서 관(官)과 공공기관으로 이동되면서 50대는 물론 40대마저 자의 반 타의 반으로 물러나야 했다. 평균수명 50대이던 시절이다. 60세를 넘기기만 해도 장수자였다. 환갑, 진갑 다 지났다고 자랑하던 시절이다. 그래서 큰 잔치가 베풀어졌다. 팔십 대란 그때 감히 상상조차 할 수 없는 나이였다. 그런데 내가 바로 팔십대 중반을 바라보고 있는 것이다.

우리 세대는 모진 풍파를 겪으며 오늘의 풍요를 이루었다. 하지만 우리의 자녀들마저 듣기 싫어하고 아무도 인정해 주지 않는 우리들의 족적(足跡)이다. 생각에 따라서는 서운하고 분할 법도 하다. 그러나 팔십의 중반을 바라보며 되돌아보니 이 숱한 고난들이 아련한 아름다운 추억으로 기억에 남아있다. 오히려 감사가 샘물처럼 솟아 나온다. 나아가 자랑스럽기도 하다. 신기하고 놀라운 일이다. 나이가 많은 이들은 대화 중 자신의 나이를 자랑이라도 하듯 들어낸다. 그 기분을 알 것 같다.

프랑스의 저명한 심리학자 마리 드 엔젤(Marie de Hennezel)은 '늙음의 의미는 성과가 아니라 성숙'이라고 했던가. 노년은 쇠퇴기가 아니라 다른 기와 마찬가지로 기쁨과 어려움이 있으며 살만한 가치가 있고 또한 풍요로운 시기란 것이다. 늙음은 쇠락이 아니라 호기심이 가득한 모험으로 경험할 수 있다고 했다. 보다 성숙한 삶을 다짐해 본다.

나의 고향 동막골

김 진 현

1950년 6·25 발발과 3일 뒤 서울 철수, 다시 9월의 인천상륙작전과 10월의 압록강까지의 북진, 그리고 다시 다음 해 1월 4일 서울 철수. 1953년 7월 휴전까지의 전쟁 경험-여름 겨울 피난길의 혹독한 고생, 굶주림, 공포의 숨기, 생명 상실, 가족 이산, 재산 파괴, 감정과 이념의 육체적 갈등은 한국 근현대사의 최고의 나락 지옥의 경험이었다. 우리 집안도 두 개의 전혀 예상치 못한 경험을 했다. 인간과 국가 체제의 심층 경험이다.

하나는 안성군 이죽면 두교리 두뫼산골 할아버지의 충실한 머슴 이야기다. 할아버지의 집 일꾼은 정말 일을 잘했다. 네모 넓적한 얼굴, 키는 중 키이나 우람한 체구, 힘도 세고 동막골에

선 제일 넓은 농토를 가진 할아버지의 농사를 사실상 혼자 짓고 있었다. 6·25가 일어나서 제헌국회의원을 막 마친 아버지와 우리 형제, 시집간 누나 집의 식구까지 동막골의 집에서 비벼대고 있었다. 그리고 인민군이 남쪽에서 밀린다는 소문이 들릴 무렵 어느 저녁에 만 4년여 동안 할아버지를 돕던 일꾼이 "꼭 어른들께 드릴 말씀이 있으니 모여달라"고 했다. 할아버지, 아버지, 삼촌들이 모인 자리에서 청천벽력 같은 소리가 나왔다.

실은 자기는 동막골에 오기 전부터 북한의 연락책이었고, 북한으로부터 오는 지령을 받아 남쪽으로 보내고 받는 역할이었다고 했다. 그간 겪어보니 북에서 볼 때는 반동 1호 집안이지만, 할아버지나 아버지나 집안 어른들이 선하고 인심이 후해서 이분들은 해칠 대상이 아니라고 보고했다는 것이다. 이제 전선이 불리해 자기한테도 동원령이 내려져서 내일 떠난다는 통고였다. 다음 날 아침 늘 입던 바지저고리 대신 간편복 차림의 일꾼은 선물과 준비물 한 보따리를 메고 온 집안의 환송을 받으며 대문을 나섰다.

지금 생각해 보면 그는 정치공작이나 선전활동의 간첩은 아니었다. 평양의 지령을 남한의 어딘가에 연결하는 지식이 필요 없는 고정 연락책이었다. 그 일꾼을 통해 이미 대한민국 건국 이전부터 남한 전역을 상대로 하는 평양 공산당의 정치간

첩과 연락책이 존재했다는 사실을 구체적으로 확인할 수 있다. 그 순진하고 무식한 북한의 연락책은 패전 막바지에 총알받이로까지 동원된 것이다. 그는 어느 전선에서 싸웠을까. 살아남았을까. 착한 일꾼의 비극적인 일생은 북한에서 마감했을까.

그러나 우리 집안에는 은인인 그의 성을 집안 아무도 아는 이 없는 (아는 이는 모두 이승을 떠난) 세월에서 6·25 이전과 이후에도 계속되는 서울과 평양 싸움의 실체와 그 속에서 인간의 착한, 그러나 슬픈 단면을 본다. 그야말로 경천동지 할 얘기였다. 지난 4년 여간 북한 간첩이 집에 머물고, 북 입장에서는 부르주아 반동1호 집안을 고발하지 않은 무식하나 소박한 일꾼의 인간성을 보게 된 특이하고 경이로운 동막골 시골 구석의 한 장면도 우리 김씨 집안 운명의 심층의 한 단면이고, 대한민국의 역사축적의 밀알이다.

아버지의 죽산 국민학교 동창 중에 윤종호(尹鐘鎬) 씨가 있다(아버지 동창들은 1905년 무렵 출생이다). 안성에서 보기 드물게 일본 도쿄제국대학을 나오고 해방 후 일찍이 월북한 사회주의자였다. 그가 6·25 이후 안성군 인민위원회 위원장으로 온 것은 당연한 일이었을 것이다. 간첩 일꾼이 떠나고 동막골에서도 쿵쿵, 전선이 가까워지는 소리가 멀리서 들리는 8월 말 무렵에 아버지는 갑자기 안성읍으로 소환되었다. 수갑은 안 채

웠지만 불길했다. 온 집안이 걱정이었다. 그런데 1주일쯤 뒤에 돌아왔다. 사연인즉슨 꼭 꿈만 같았다.

하루는 (실은 딱 한 번뿐) 윤 위원장이 불렀다(얼마나 극적인 만남이었을까. 국민학교를 나온 이후 사회에선 길이 갈리고, 한쪽은 대한민국의 안성 제헌국회의원, 한쪽은 조선민주주의인민공화국의 안성 인민위원장으로 전쟁통에 만나는 장면이). 그는 놀랍게도 아주 낮은 소리로 이렇게 말했다.

"자네는 여기서 서울로 가게 돼 있네. 서울 가면 평양으로 가고 다시는 못 오네. 지금 형세가 우리한테 매우 불리하네. 그러니 내일부터 당장 속이 아프다고 굶게. 그러면 며칠 있다가 도저히 몸이 허약해서 서울로 보낼 수 없으니 집에서 몸을 다스리다 나으면 소집하겠다고 상부에 보고할 테니 당장 굶게."

동막골로 돌아온 아버지는 곧장 곰넴이 깊은 산속에 토굴을 파고 들어갔고, 며칠에 한 번씩 삼촌들이 먹거리를 밤중에 몰래 전달했다. 그리고 얼마 안 돼 미군 탱크가 진천-죽산 길을 지나고, 아버지는 동막골로 귀환했다. 만일 그때 안성 인민위원장이 국민학교 동창 윤종호가 아니었다면 아버지는 북으로 끌려가고, 오늘의 나도 없었을 것이다. 한 많은 납북 제헌의원 유족 중의 하나였을 것이다.

제헌의원 209명 가운데 납북된 이들은 약 59명이다. 지금은 생존자가 한 명도 없다. 그러나 6·25의 깊은 한이 납북 제헌의원 유족들에겐 절절이 남아있다. 1950년대 상황에서 아버지가 사라진다는 것은 특별히 부자 집안이 아니고는 그 가정이 무너지는 것이었다. 그래서 본의 아닌 납북도 억울한데, 아버지가 북에 있다는 사실 하나로 신원조회에 빨간 줄이 쳐지고, 여권도 못 얻어 해외 유학도 못 하고, 공무원이나 국영기업에도 취직이 안 되었다. 반대로 이른바 친일파로 보이는 이들의 자식들은 고등고시로 공무원이 되어 출세하고, 유학해서 박사학위를 받고, 대접을 받았다. 집안이 어려워진 납북자 가족들은 대부분 친정부적 친 체제적인 생각을 하기가 어렵다. 특히 임시정부나 해외독립운동 제헌의원의 유가족들은 더욱 그렇다.

더구나 개인사적 억울함이랄까, 체제 한계의 국가적 불행이 두 가지가 있다. 첫째는 대한민국이 납북 제헌의원들에게 지고 있는 빚이다. 이미 제헌의원의 유족 2세들조차도 상당수가 세상을 떴고, 뜨고 있다. 납북 유가족들의 간절한 소망의 하나는 죽기 전에 아버님의 돌아가신 날이라도 정확히 알아 제대로 제사 한번 지내보고 싶다는 것이다.

2000년에 김대중 - 김정일 회담 이후 나는 제헌의원 유족회장 자격으로 임동원 당시 국정원장을 사무실로 찾아가서 이 사정을 전하고, "돌아가신 분의 기일(忌日)만이라도 알게 해달라"고 부탁했다.

"유족회에 돈이 있느냐?"고 물은 임 원장의 첫 마디에 너무 놀랐다. 내 사비로 일 년에 한두 번 식사하고 이사회를 여는 것이 고작이었던 시절이다. 북한은 돈을 주어야만 얻을 수 있다는 것이었다. 꼭 돈이 필요하다면 국회나 국정원의 돈으로 해줄 수 없느냐고 항변성 질문을 했다. 역대 대통령들의 북한 다루기가 겉모습과는 달리 돈 놀음이었던 것이다. 북한 통일 민족이라는 고상한 그리고 가슴 울리는 문제를 역대 대통령들이 자신들의 영달을 위해 이용한 죄를 벗기 어렵다. 둘째는 남북 유가족들의 한이 있다. 납북되지 않은 제헌의원들은 모두 '대한민국 건국훈장'을 받았다. 납북 의원들은 빠졌다. 국정원 또는 국가기관의 공식입장은 이렇다.

첫째, 납북과 자진 월북의 구분이 어렵다. 유족회는 59명 납북으로 알고 있으나, 국정원 자료에는 납북 34명, 월북 11명, 행방불명 2명, 확인불가 3명이다. 둘째, 북한에서 방송활동, 조직활동(예, 재북평화통일촉진협의회-1956. 7. 주요 납북·월북자들을 규합하여 대남위장 평화공세 및 모략활동을 위해 결성한 노동당 전위조직) 등의 실적 셋째, 북한에서 조국 통일상, 노력 훈장 등의 수훈사실에 근거하면, 건국훈장 수여는 어렵다는 것이다.

1948년의 5·10 제헌의원 선거, 8·15 건국 선언으로부터 71

년이 지났다. 아직도 남북 제헌의원들의 인간적·체제적 처리는 숙제로 남아있다. 인간적 여한들은 망각의 시간으로 넘긴다 치자. 남북 의원들에 건국훈장을 수여할 것이냐 아니면 그들의 북한에서의 활동을 어떤 기준으로 평가할 것인가. 김일성 독재체제에서 강제에 의한 비자발적 반(反)인권 희생자로 평가할 것인가. 대한민국의 법률적 해석대로 할 것인가. 한나라의 건국 과정과 나라 지키기에는 그만큼 이념적, 철학적, 법률적, 그리고 물리적 길항(拮抗), 깊은 갈등들이 꼬여 있는 것이다.

우리는 이 점에서 아직 건설 중에 있는 나라, 나라 만들기 과정의 나라이지 완성된 나라가 아니다. 주권독립이나 자립, 자족이 끝나고 과거에, 미래에 그리고 시간과 공간을 낭비할 수 있는 그런 여유로운 나라가 아니다. 경제 제일주의, 이념 지상주의, 반공 우선주의, 복지 제일주의, 민주주의 제일주의, 평등 지상주의, 환경 지상주의, 교육 제일주의 등 자기이익, 자기경험, 자기영역, 패거리 이기주의에 매몰된 역사 해석과 단정이 얼마나 위험한 것인가. 체제를 지킨다고 새 시대, 새 세상을 만든다고 독선의 목소리를 높여 떠드는 것이 실은 아직은 허약한 건설 도중의 대한민국체제를 더욱 허약하게 몰고 가는 것이다. 지난날의 깊은 퇴적과 앞날의 넓은 도전을 겸허히 그리고 깊이깊이 통찰해야 한다.

일차적으로 아버지에게는 생명의 은인이요, 나에겐 지금 이 글을 쓸 수 있게 해준 간접 은인인 윤종호 인민위원장의 드라마는 여기서 끝나지 않았다. 그는 평양으로 돌아가지 않고 남한에 남았다. 3년 전에야 이 믿기지 않는 진실을 들었다. 우리는 6·25에 남쪽에서 북으로 간 사람, 끌려간 사람, 또는 흥남부두 난민 철수나 폭격 맞은 대동강 철교를 넘어 남쪽으로 온 이야기는 많이 듣고 영화로도 본다.

그러나 6·25 당시 북에서 남한의 통치자로 왔다가 그대로 주저앉은 반(反)김일성, 반(反)조선인민공화국 인민위원장은 처음 듣는 이야기이다. 윤종호 위원장 이야기를 고향 사람들 모임에서 했다. 마침 윤 위원장이 큰집의 둘째이고, 셋째 집안의 후손인 윤 위원장의 조카로부터 상상하기 불가능했던 이야기를 들을 수 있었다.

그가 평양으로 가지 않고 남한에 남아 안성에서 멀리 떨어진 대구에 터를 잡고 장(張) 씨로 변성명해 살다가 생을 마감했고, 살아서 두 번 만났다는 것이다. 원부인의 딸 중에 두 딸은 사망하였는데, 마지막 한 딸은 미국 호놀룰루에 산다고 했다. 필경 그는 자유주의자, 사회주의자, 이상주의자였을 것이다.

혹독한 전쟁과 이념 체제 갈등을 넘어 사람, 보통사람의 마음속 깊은 밑바닥 본바탕에 깔린 사람다움, 그것이 사랑일지

자비일지 인의일지 어떤 것일지 모르나, 그런 도덕성의 전진이 인류의 진보를 믿게 하는 원천이 아닐까.

　김일성에게 사기·배반당한 사회주의 이상의 좌절, 그리고 그 회한을 안고 남쪽에서 숨어 산 윤종호 인민위원장도 대한민국 지키기에 한 역할을 한 것이다. 우리는 이 진실의 이야기 속에서 그리고 6·25라는 국난을 통하여 나라 세우기가 얼마나 어렵다는 것을 깊이깊이 배운다. 또한 적 진영에서도 '보통사람'이면 할아버지의 일꾼이나 윤종호 인민위원장 같은 휴머니스트가 있었다는 사실에 인간 드라마의 오묘함에 놀라게 된다. 하나님이 계신 것인가.

　스승이 사라진 세상이다. 요사이 신문을 보면 벌써 30여 년 전 일본 청소년을 가르켜 '신인류'라고 했던 기억이 새롭다. 지금 우리나라의 초중등 학생들의 학교폭력은 심지어 스승에게까지도 심심치 않다고 한다. 근대사회의 역(逆)발전 현상의 하나인 가정와해·사회해체 현상을 실감한다. 살다 보면 나를 형성한 결정적인 순간이 있고, 결정적인 말이 있다. 그 말이 스승의 말이면 인격형성, 한 인간의 가치관 형성에 일생동안 떼어놓을 수 없는 거울이 된다.

　나에게 국가, 민족, 애국, 독립이란 말과 의미를 너무나 충격적으로 가르쳐준 선생님이 있다. 안성공립국민학교(요사이 초등학교) 3학년 3반 담임 하나다(華田) 선생님이다. 1944년에 대동아전쟁은 막바지에 이르렀다. 학교는 수업터라기 보다 소년·소녀 노동대였다. 어떤 날은 아침에 등교하여 출석 점호를 마치면 곧장 10리, 20리 산으로 가서 하루 종일 송진을 캤다. 기름이 모자라 우리가 캔 소나무 송진을 선박 연료로 쓴다고 했다. 운동장은 사람이 다니는 길만 남기고 몽땅 밭이 되어 콩, 채소 등을 키우고, 모든 반(班)마다 토끼를 키워서 돌아가며 당번이 된 학생은 등교하면 제일 먼저 토끼장에 풀을 넣어야 했다. 당번 차례 전날은 하교 후 낫을 들고 논두렁, 밭두렁으로 풀을 베러 다녔다. 중학선배들은 수원으로 비행장건설 노동을 하러 다녔다. 아침마다 일본인 교장이 조회 훈시를 하고 나면 동쪽 도쿄 천황신궁(天皇神宮)을 향하여 세 번 절하던 시절이었다. 이름은 '김진현'이 아니라 '가네시로 진켄'으로 바뀌었다. 학교에서 수업 시간은 물론 친구끼리 노는 시간에도 우리말을 하면 '딱지'를 뺏겼다. 일정한 수(20장이었던 듯)의 딱지를 다 뺏기면 진급조차 못 하게 하는 상호 고발 시스템까지 작동시키며, 우리말을 금지하던 시절이었다. 나라가 없다는 것이 이런 것이었다. 그러나 이런 짓들이 나라가 없는 설움이라는 의미와 맥락을 깨우쳐 준 것은 그 가혹한 감시 속에서도 용감했던

'하나다'라는 여자 선생님이었다.

그 1944년 늦여름, 초가을 어느 날 오후 수업시간에 선생님은 "유리창 커튼(그때는 야간 공습에 대비하여 모든 교실 창문에 커튼이 있었다)을 모두 내리라"고 했다. 교실이 어두컴컴했다. 그리고는 첫 마디가 "지금 이 나라는 우리나라가 아니다. 우리나라는 지금 중국에 정부가 따로 있다. 우리 국기는 일장기가 아니다. 태극기가 있다. 우리글도 따로 있다. 한글이 있다." 그러면서 칠판에다 태극기를 그리고 큰 글씨로 '가갸거겨…' 한글을 썼다. 마지막으로 "오늘 선생님 말씀은 다른 반 아이들에게 절대 해서는 안 되고, 집에 가서 부모님과 형제들에게도 해서는 안 된다"고 경고했다. 국민학교 3학년짜리 50명의 어린이들에겐 너무너무 충격적이었다. 수업이 끝나고도 어안이 벙벙했다. 그리고 소화할 수 없는 그 '진실'의 언어는 어린이의 놀이와 더욱 옥죄는 학교생활의 일상에 묻혀 버렸다. 꺼낼 수 있는 의식의 심층보다 너무 깊었다. 그리고 일 년이 채 안 되어 4학년 여름방학 중에 8·15를 맞았다.

8·15 폭발은 그 깊이 묻혔던 의식을 살렸다. 불현듯 '하나다' 선생님의 말씀이 전광석화처럼 떠올랐다. 진실이라는 것이 있는 것이구나. 정말 일본은 우리나라가 아니었구나. 태극기가 있고 한글이 있었구나. 눈에 보이는 것, 현실의 경험만이 진실

이 아니고, 눈에 보이지 않는 것, 지금 온통 세상을 완전히 덮고 있는 것, 그런 현상조차도 진실이 아닐 수 있구나 하는 깨달음이었다. 나라, 민족, 국기, 언어, 글씨의 의미를 처음으로 체화시킨 것이다. 체화시킨 것은 철학이나 종교의 더 고상한 배움에서가 아니라, 하나다 선생님의 커튼 속 속삭임의 말과 8·15였다. 감성적 감격인 동시에 마음, 인격도야의 결정적 모멘텀이었다. 나를, 나의 생각을, 의식을, 세상을 보는 눈을 바꾸고 높인 것이다.

내가 1990년 과학기술처 장관이 된 다음 3학년 3반 동창들이 모여 모두에게 큰 충격과 감격을 주신 '하나다' 선생님을 찾기로 했다. 그때 우리 50명 코흘리개들도 선생님의 당부를 지켜 부모님께도 다른 반 아이들에게도 비밀을 지켜 하나다 선생님이 무사히 해방을 맞게 한 우리들의 자부심까지 회고하며. 하나다 선생님의 이름과 방학 때 선생님 댁을 방문했던 동창의 기억으로 천안 병천(竝川)지명을 주고 내무부 장관에게 신원확인을 부탁했다. 이틀만에 답신이 왔다. 미국 위스콘신주에 남편과 함께 살고 있다는 것이다. 바로 연락하여 선생님을 서울에서 만날 수 있었다. 45년 만의 만남이었다. '하나다' 선생님의 본 이름은 홍진기였고, 진명여중 3년을 마치고 2개월 코스의 초등교육 교사 수련(남자들은 전쟁터로 가고 선생이 모자라 단기

연수로 선생 보충)을 거쳐, 처음 부임한 것이 1944년의 우리 반이었다. 그러니까 그 당시 나이 17세 언저리, 학생들보다 5~6세 위의 어린 여자 선생님이었다.

그러나 까닭이 있었다. 홍 선생님 댁은 유관순 열사와 같은 동네인 '아우내'였다. 유관순 열사가 태극기를 들고 아우내 장터에서 만세를 부른 그 동네였다. 1919년 3·1운동 – 유관순 – 홍진기 – 1944년의 안성공립국민학교 3학년 3반의 코흘리개들, 그 보이지 않는 하나님의 섭리랄까.

나에게는 해방 – 건국 – 독립 – 대한민국 – 한민족이라는 의식의 연대를 굳혀준 것이다. 역사는 눈에 보이든 보이지 않든 씨앗이 있고 연기(緣起)가 있다. 또 눈에 보이는 것보다 더 높고 깊은 진실에 즉 하여 살아야 한다는 깨달음을 얻은 것은 스승을 둔 학생의 복이었다.

스승이 사라진 대한민국은 그 이외 모든 것이 성공했다 해도 바꿀 수 없는 상처를 깊게 안고 있는 것이다.

어머니의 숨결

이 익 환

　어릴 때의 꿈은 언제나 아름다운 게 아닐까? 초등학교 다닐 때 나는 선생님에 대한 존경심을 가지고 있었고, 그분들의 훌륭함에 영향을 많이 받고 자랐다. 특히 초등학교 1~3학년 때는 여선생님의 영향이 더 컸다는 생각이 든다. 집에서는 어머니가 계시고 학교에 가면 선생님이 어머니같이 포근함으로 지도하니 학교생활에 어려움이 없었다. 아버지가 없는 나에게는 어머니가 전부였다. 그래서 나도 어른이 되면 선생님이 되리라는 스스로 마음가짐을 가졌는데 초등학교 시절 꿈이 아닌가 생각된다. 초등학교 상급생일 때 읽었던 『상록수』는 시골 소년인 나로 하여금 선생님에 대한 동경과 매력을 갖게 되는데 충분하였다. 농촌의 어려운 여건에서 누군가 배움의 길을 열어주고 낙후된 농촌을 발전시켜야 한다는 당위성이 내 마음을 깊이 파고들었을까? 『상록수』의 주인공인 박동혁과 채영신은 농촌의 어려운 여건을 계몽하는 운동을 펼치는 그 자체의 어려움에 더하여 일제의 방해 공작에도 불구하고 꿋꿋하게 헤쳐나아가는 모습을 보여주었는데, 나를 감동시키기에 충분하였다.

또한 오염되지 않은 진실한 사랑을 우리 10대에게 가르쳐주었으며 사춘기가 시작된 나를 매료시켰다. 동혁을 사랑하는 영신이 과로로 쓰러지고 죽음으로 막을 내리는 안타까움도 있지만, 주인공인 동혁이 결국은 상록수와 같이 농촌을 위하여 평생을 몸 바칠 것을 다짐하는 장면은 나를 어느 시골이나 낙도의 마을로 이끌었다.

그러나 세월이 흐를수록 나에게 직면하는 현실은 선생님이 되겠다는 꿈을 이상향으로 만들었다. 가정 형편상 진학을 자유롭게 선택할 수 있는 여건이 되지 않아 취업을 염두에 두고 공업고등학교를 택했으나, 마음이 바뀌어 대학진학을 결심하였고 당시의 새로운 학문인 원자력공학을 선택하였다. 대학원을 졸업하고 줄곧 원자력과 관련된 곳에서 40년 동안 직장생활을 해왔다. 마침 대학 과정에서 '공업 수학' 전공의 교직과목을 선택하고 문교부 장관의 자격증까지 취득한 것은 어릴 때의 선생님이 되겠다는 꿈과 동경으로 이어진 게 아닌가 하는 생각을 해보았다. 가끔 고경력 과학기술자로서 청소년에게 꿈을 심어주기 위한 강의를 할 때면 그 옛날 꿈을 얘기하곤 한다.

작년 여름 유난히도 더워, 가만있어도 이마는 물론 콧등에 송이송이 땀방울이 맺히는 더운 날씨를 지내게 되면 불현듯 어머니 생각이 나서 마음까지 흔들린다. 햇볕이 내리쬐는 시골집 앞마당에서 길쌈을 매던 어머니의 모습이 지금도 눈에 선하다. 그렇게도 더운 여름 날씨에 등에 땀이 흠뻑 밴 채로 목화실과 삼베실 올레를 양쪽 말뚝에 길게 매고 실타래를 만들기 위해 풀을 고루 묻혀 말리는데 이 실타래는 씨줄 날줄 베틀에서 천을 짜기 위한 전초단계이다. 이를 위해 두 말뚝을 왔다 갔다 하는 그 모습이 마음속에 오래오래 남아 있었다. 길쌈은 철 따라 있어 한 번도 거르지 않고 가사를 꾸리기 위해 고된 노동을 한 것이다. 남편을 한국동란 끝물에 온 전염병으로 인해 먼저 저세상으로 보내고 칠남매를 혼자 돌보며 여성으로서 차마 어려운 삶을 피하지 않고 운명으로 돌리기는 아쉬운 고난의 십자가를 맨 분이었다.

당시 할아버지는 진주의 당대 학자로서 함안군의 외할아버지와 친구지간으로 통성명하였다 한다. 학문으로 상통한 두 분께서 자주 토론하고 세상 이치를 논하였는데 한 번은 지리산 등반을 같이한 적이 있었다. 기행문을 남기기도 하였지만 두 분에 대해 어머니께 들은 얘기는 등반 중에 서로의 가정사 얘기도 하면서 사돈이 될 것을 약속하였다 한다. 할아버지는 14살의 아들(이병섭, 李秉攝)이, 그리고 외할아버지는 19살인 참신한 딸(이경수, 李慶守)이 있어, 이를 두고 두 분이 사돈 약속을 한 것이다. 현대를 살고 있는 우리의 상식으로는 이해가 가지 않는 부분이다. 혼인할 상대의 나이 차가 너무 커, 어머니는 말 그대로 규수였으나 아버지는 초등학교를 졸업한 학생정도의 나이였으니 말이다. 더욱이 신랑과 신부가 선 한 번 볼 기회 없이 혼인이 된 경우였다. 언젠가 하도 궁금하여 어머니께 여쭈어 본 적이 있다. 아버지와 첫날밤을 잘 보내셨는지를 말이다. 어머니는 빙긋이 웃으시기만 하셨다.

　아버지는 진주 지수에서 양조장 사업을 운영하였다. 지수라면 초등학교가 유명하다. 삼성그룹의 이병철 회장, 엘지(LG)그룹의 구인회, 구자경 회장, 효성그룹의 조석래 회장 등 유명한 분들이 다닌 초등학교이다. 바로 그곳에서 아버지는 사업을 하였으니 꿈과 야망을 가지고 있던 분이다. 이병철 회장도 정미소 운영부터 시작한 것으로 알고 있다. 사업가인 아버지는 그 꿈을 한 번 제대로 펼쳐보지도 못 하고 전쟁 와중에 전염병으로 세상을 떠났다. 남편을 먼저 하늘나라에 보낸 어머니의 고난은 말할 수 없이 어려웠음을 우리 자식들은 너무나 잘 알고 있다. 자식들 뒷바라지를 해야 하는데 우선 자식 공부를 혼자서 책임져야 했지만, 그보다 더 중요한 것은 세끼의 끼니를 해결해야만 했던 것이다. 어머니를 더욱 어렵게 했던 것은 아버지가 돌아가시고 장례식도 치르기도 전에 바로 빚쟁이들이 돈 받으러 몰려들기 시작한 것이었다. 외상거래로 돈 주겠다는 사람은 한 사람도 없었으나 돈 받을 사람들만 우리 집으로 쳐들어온 것이다. 사업에는 전혀 관여하지 않은 어머니로서는 어찌할 바를 몰랐던 것이다. 돈이 무엇이기에 평소 가깝게 지내던 사람들까지 등을 돌리는 경험을 하였다.

어느 날 어머니는 돈 받을 사람들을 모두 모이게 하고 빚잔치를 하였다. 당시 우리 집의 가세가 부자가 아니었기에 물론 그들이 요구하는 금액에 비해 돈이 턱없이 부족하였지만 어려움은 그렇게 넘어갔다. 결국은 우리 집은 빈털터리가 되어 내일의 끼니도 걱정하는 형편이 되고 말았다. 동네에 가까운 친척이라야 4종(10촌)의 형님인 종손이 우리 집에 크게 도움을 주었다. 또한 외가와 고모가 이 소식을 듣고 쌀가마가 오기도 하였다. 동네사람들은 우리 가족이 모두 흩어지게 되고 특히 자식들은 다른 집의 머슴살이로 갈 것이라 하였지만 어머니는 당당하게 자식들의 마음을 안정시키고 집안을 잘 보살펴 나갔다. 근본적인 대책이 없던 어머니로선 길쌈을 하는 일선에 뛰어들게 된 것이다. 노동이 된다면 품팔이도 마다하지 않았다. 자식들도 모두가 어려운 형편이라 가난이 부끄럽지 않았고 기회 있을 때마다 어머니를 나름대로 도왔다.

어머니는 남편의 그늘에 있을 때는 주로 동네 아주머니들을 깨우치는 일에 앞장섰는데 복사기가 없던 시절이라 장화홍련전, 토끼전, 홍길동전 등을 몸소 글을 이서하여 저녁시간에 동네 사람들에게 읽어 주기도 하고 책을 그냥 주기도 하였는데, 동네의 칭송이 자자하였다.

그러나 남편을 보낸 뒤부터 고난이 시작되었다. 마당에서 길쌈매고 베를 짜고 이를 하얗게 염색하여 가장 적은 실올인 12새 옷감 당목을 정성껏 만들어 장날에 내다 팔고 대신 곡물을 사 왔다.

내가 중학교 입학식 때, 어머니가 손수 짜신 12새 옥당목으로 곱게 바느질하고 까맣게 물들여 다림질한 교복을 입고 갔더니 담임 선생님이 바느질에 칭찬을 많이 해 주었는데 나는 자랑스럽게 어머니의 작품이라고 말씀드렸다.

"어머니! 정말 보고 싶습니다."

아버지가 돌아가셨을 때 제일 큰형은 고등학교 제도가 없던 중학교 4학년이었는데 학업을 중단하게 되었다. 경제적 지원이 안 되니 자연스럽게 큰형은 어머니를 도와 가사를 돌보게 된 것이다. 그로부터 큰형은 동생들을 위해 평생을 헌신하였다. 이러한 고난의 세월은 계속되었지만 어려운 환경 속에서도 어머니의 자식에 대한 사랑은 말 그대로 하늘과 같았다.

어머니의 철학은 자식들이 배움의 기회를 가지도록 하는 것이고 격려를 다양하게 해 주었다. "끼니란 세끼가 아니면 두 끼라도 먹을 수 있고 살아있으면 입에 풀칠은 어떻게든 할 수 있지만, 공부는 때를 놓치면 안 된다"고 하였다. 그렇다고 당장 어머니가 아들들을 교육시킬 능력이 있어서 한 말은 아닐 것이며 학자 집안에서 자라난 당대의 여걸로서 한 말이기 때문에 우리 자식들은 그 말이 무엇을 뜻하는지를 잘 알고 있었다.

그래서 우리들은 초등학교를 졸업하면 배움의 기회를 갖기 위해 도회지로 나갔다. 어린 나이에 시골에서 할 수 있는 것은 농사뿐인데 그렇다고 농사지을 농토가 제대로 없었기 때문이다. 둘째 형은 서울로, 셋째 형은 마산으로, 나 역시 마산으로 일단 나갔다. 우리 형제들은 부모님의 명석한 머리를 이어받아 공부를 잘한다는 말을 들었다. 당시의 국가고시를 보아 장학금을 주는 학교로 갈 수 있었는데 생활비를 마련하기 위해 처음에는 야간학교에서 공부하기도 했다. 가정교사의 이력이 나면서 주간으로 학교를 옮기고 졸업할 수 있었는데 나는 마산에서 가정교사를 13번을 거치고 나니 고등학교를 졸업할 수 있었다. 어떤 때는 학생의 부모와의 관계정립이 어려워 도저히 견디기 힘들어서 나 스스로 물러났고 어떤 때는 학생의 학업성적을 뚜렷하게 향상시키지 못 해 책임을 지고 나오기도 했다. 그렇지만 공부할 수 있는 기회를 가진 자체에 언제나 감사한 마음을 가졌다. 혹시 대외관계에서 소극적이고 내성적인 성격이 되지 않도록 철저히 적극적이고 외향성이 되도록 노력하였다. 친구와 어울리는 노력을 게을리하지 않았고 친구를 사귀는 것도 알아서 했다. 이 또한 어머니의 보이지 않은 사랑에서 비롯되었다고 생각한다. 어머니는 이런 말씀도 하였다.

"혹시 아비 없는 자식이라는 말을 듣지 않도록 매사에 조심해라."

아르바이트를 제때 구하지 못하면 잠깐 형이 자취하는 집에 머문 적도 있었는데 그때마다 시골에 가면 어머니께서 반가와 해 주었고 우리는 어머니와 함께 같은 이부자리에서 단잠을 자고 행복한 마음으로 되돌아오곤 했다. 집 앞에 흐르는 갑천에서 어미와 놀고 있는 새끼오리 떼를 보면 옛날 어머니와 함께한 생각이 불현듯 떠오른다. 어머니와 함께하고 다시 학교로 돌아올 때면 어머니와 떨어져야 하는 아쉬움이 마음을 어둡게 하곤 하였다. 어머니는 쌀자루를 머리에 이고 멀리까지 전송해 주곤 하였다.

집에서 역까지는 이십 리가 넘는데 평지도 있지만 꽤 높은 산을 하나 넘어야 했다. 오르는 산길은 두 사람이 동시에 걸을 수 없는 외길인데 쌀자루를 메고 가는 자식이 힘들까봐 산을 넘을 때까지 쌀자루를 이고 우리를 배웅해 주었다.

그때는 어머니와 헤어져야 한다는 아쉬움이 앞서서 잘 몰랐지만 막상 어머니가 안 계신 지금 생각하니 얼마나 힘드셨을까 하는 마음이 가슴깊이 새겨온다. 모퉁이를 돌아 우리가 보이지 않을 때까지 한참 동안 서 있던 어머니의 모습이 아련하다. 쌀자루의 무게는 넉넉잡아 20킬로그램 정도는 될 듯하였다. 자식사랑이 앞선 어머니의 힘은 무거운 것도 힘들지 않았는지 어머니의 사랑의 힘을 다시 음미해 본다. 내 자식들이 장성한 지금, 나는 자식에게 제대로 세상의 철학을 심어주었는지를 확신할 수 없다.

"어머니! 뵙고 싶습니다!"

전화 탁자 위에 어머니와 같이 찍은 가족사진에서 어머니의 얼굴을 매일 뵐 수 있어 좋지만, 손자가 이야기하듯 3차원 또는 4차원으로 뵐 수 없어 현실감이 없음을 어떻게 하겠는가!

얼마 전 초등학교에 다니는 손자가 3D 얘기를 말하기에 기특해서 칭찬해 주고 3차원의 입체감과 시간의 개념이 들어간 4차원을 설명해 준 적이 있다. 사진이 아니라 실체의 어머니를 안아 보고 싶은 마음이 오늘 따라 불현듯 일어난다.

경기도 안성의 조병화 시인 생가를 가 볼 기회가 있었는데 그곳에서 우연히 읽어본 정채봉 시인의 '엄마가 휴가를 나온다면'의 시상이 떠오른다. 어머니가 보고 싶어 타계한 어머니가 이승으로 하루 휴가를 나오면 얼마나 좋을까 하는 시인의 어머니에 대한 사모곡이다. 이 시인은 하루의 휴가는 불가능할 것 같고 욕심인 것 같아 바로 반나절로 낮추어 보았다. 그리고 그것도 어렵다면 단 5분이라도 휴가를 올 수 있기를 간절히 희망하는 애타는 내용이었다. 어머니를 5분 동안 만나면 무얼 할까? 이 시인은 우선 눈 맞춤을 하고 젖가슴을 만지고 무엇보다도 엄마! 하고 불러보겠다는 것이다. 나 역시 시인의 마음과 같은 생각이지만 이 또한 어머니에 대한 애절한 그리움으로만 남을 뿐이다.

어머니 치마폭에 안겨 지나던 시절에서부터 괜히 어머니를 힘들게 한 사춘기의 시절도 있었지만 서울에서 공부하고, 군 복무 중에도 그리던 어머니의 향수와 어머니의 사랑은 나에게 더할 수 없는 용기와 힘이 되었다. 군에서 사병월급이 얼마 되지 않지만 이를 틈틈이 저축하여 조금이나마 따뜻하게 겨울을 나도록 난로를 선물한 적이 있는데 지금 생각하니 그나마 잘했다는 생각이 든다. 어머니는 자식들 아니 손자들까지 잘 되기를 묵주로 불경을 외웠는데 우리가 모두 잘 살고 있는 것이 어머니의 기도 때문이 아닌가 생각해 본다.

그러던 어머니가 어느 날 노환으로 기력이 쇠진하여 힘들어 할 때, 더욱 더 가까이 모시지 못한 점을 우리 자식들은 두고두고 후회하게 되었다. 더욱이 어머니가 득병하고 가끔 혼절하는 경우가 있어 자식들을 차례로 불러 웃음을 선사하고 식사도 같이 하였는데 자식들은 바로 돌아가실 줄을 꿈에도 생각지 못하고 직장에 있는 자식들이 가까이 모시지 못 할 것 같아 큰형님 댁에 간병인을 준비하는 게 어떨까하는 얘기를 했던 적이 있는데 그로부터 일주일이 지나 바로 타계하니 자식들의 불효는 말할 수 없게 되었다. '어머니, 저희의 불효를 용서해 주실 것을 간곡히 간청합니다. 사랑하는 어머니! 기회는 더 이상 오

지 않는다는 것을 모르진 않았지만…. 어머니는 이미 이곳에 계시지 않습니다. 간절한 용서를 청합니다.'

　나 역시 세월이 흘러 이제 3대가 같이 지내고 있다. 나의 아들이 현덕한 처녀를 배필로 맞아 손자가 2명이 태어났다. 아니 친손뿐 아니라 외손까지 합하면 6명이나 된다.

　그들에게 어머니의 삶을 기회 있을 때마다 한낱 옛이야기로가 아니라 날이 선 가정의 도덕성으로 교육자가 되도록 가르치도록 하고 싶다. 그리하여 우리의 가정, 나아가서 우리 사회가 바른 사회가 되도록 해야겠다는 각오를 다시 해 본다. 어머니에 대한 간절한 그리움을 생각하다 보니 그 덥던 시간이 순식간에 흘렀다. 저녁시간이 되니 제법 선선해졌다. '어머니, 보고 싶습니다. 소리로 들을 수 없고 보이지도 않지만 가늘지만 초점이 한곳으로 모여 느낌으로 오는 어머니의 숨결을 들을 수 있습니다!'

　그동안 어머니의 가르침이 몸에 배어 적극적인 성격으로 나름대로 변화를 모색해 왔다고 생각한다. 운 좋게도 원자력 전문가로의 역할을 할 수 있는 역량과 기회를 꽤 많이 가지기도 하였다. 욕심이란 끝이 없지만 사회에 보탬이 되는 일을 하는 데 주저함이 없이 좋은 결과도 얻었다고 생각한다. 공기업의 최고경영자로의 역할을 수행하는 기회도 가졌고 언젠가 과학의 날에 국가에서 수여하는 훈장(과학훈장 혁신장)을 받기도 하였다. 그 훈장을 받을 때는 정말 어머니의 숨결을 가슴으로 느꼈다. 사람은 밥으로만 살 수 없다는 말씀을 기억한다.

한참 후에 아내와 함께 어머니 산소를 찾아보았다. 그러나 어머니에 대한 애틋한 마음으로 기도한 것이 고작이었다. 어머니의 말씀을 들을 수는 없었지만, 어머니는 자식의 마음을 분명 알고 있을 것이다.

양철지붕집 건너방

노 재 식

태평양 전쟁 발발 직후였던 당시는 모형 비행기(글라이더와 모형 비행기: 가는 실 고무줄로 꼬은 다음 여기에 프로펠러를 연결한 종류) 만들기가 꽤 유행했었다. 그 영향으로 나도 과학에 큰 호기심을 느끼기 시작했고 특히 하늘과 관계가 깊은 과학분야 공부를 해 보겠다는 마음도 키웠던 것 같다.

소학교 최종 학년에는 우등상도 받았고 희망했던 중학교에도 쉽게 진학하였는데 '한 방울의 휘발유도 전쟁 수행에 써야 한다.'며 발악하던 일제시대였기에 휘발유 엔진을 매단 모형 비행기를 만든다는 것은 현실적으로 불가능했다.

그러나 중학교의 수업형태는 한문(중국어), 영어(읽기, 문법,

작문), 수학(대수, 기하)으로, 이과는 생물, 물리, 화학으로, 체육은 체조와 교련으로 나누어져 있었다.

중학교 3학년, 광복을 맞이한 감격의 물결도 잠시 좌우충돌이라는 소용돌이가 우리를 너무 실망시켰고, 이유없는 폭력이 난무했던 시기라 불안에 떨어야만 했다. 반면 각종 스포츠에 대한 관심이 확산되기도 했다. 어렸을 때부터 늘 연약했던 나는 우선 체력을 강화해야겠다고 생각해 집 마당에 철봉과 평행봉을 세웠고 역기 운동용 장치도 마련한 다음 몸과 마음을 수련하였다.

단거리 경주 선수이셨던 어머니를 닮았는지 나도 단거리 경주, 멀리뛰기, 세단뛰기 선수를 거쳐 육상부장을 맡기도 했다.

그런데 기계체조와 역도, 육상경기는 개인 경기라서 단체 운동을 해보고 싶어졌다. 마침 동기 중 배구 부장을 맡고 있었던 친구가 점프력이 좋은 나에게 배구부의 공격수로 합류해달라고 부탁하기에 그의 제안을 받아들이게 되었다. 바로 이것이 배구와의 끈질긴 인연의 시작이 된 것이다.

이렇게 되자 가까이 지내던 다른 운동부 부장들과 자주 만나 어울리게 되었고 마침내 여러 운동부 부장 중 동기생이 맡고 있었던 배구부, 빙상부, 야구부, 육상부, 정구부의 부장들로 구성된 '상춘클럽(常春, Club Evergreen)'이 탄생하였다.

   그러나 170센티미터에 멈춘 내 키로는 세계적인 배구의 공격수로는 부적격임을 깨달아 배구를 포기하게 되었고, 기록경기인 육상 경기도 더 좋은 기록을 내지 못 하게 되자 공부를 더 열심히 해야만 했는데, 한때 포기했어야만 했던 모형비행기를 만들면서 키우던 꿈을 이루기 위해서는 문과반에서 이과반으로 옮겨 과학기술에 도전해야겠다고 마음을 먹게 되었다.

   다만 이미 1년간 이과반 친구들만 배운 새 수업과목인 미·적분이 걱정되었다. 그리고 만약 문과반에서 이과반으로 옮길 경우 그 격차(gap)를 어떻게 하지.

   불행 중 다행이라고 할까? 그 무렵 미·적분을 가르쳤던 선생님(당시 서울대 사범대 수학교육과 학생이자 나의 중학교 3년 선배)께 의논해보니 매우 반기면서 여름방학 동안 조조 특강을 해주겠다고 약속하였다.

   그해 보름 동안 이어진 여름방학 조조 특강에는 지난 1년간 이미 미·적분을 배운 이과반 친구 칠팔 명도 추가되었다(그들은 대부분 서울대 공과대학 입학 지원자들이었다).

   '1948년 9월, 6학년 이과반으로 전입한 친구들'이라고 담임선생님(미·적분 조조 특강을 해 줌)의 소개가 있었다. 그런데 한 사람(훗날 나와 함께 서울대 문리대 물리학과에 진학)을 제외하고는 별로 반기질 않는 분위기였다.

문과반에서 이과반으로 옮긴 지 1주일쯤 지난 무렵 첫 수학 시험이 있었다. 내 시험 성적이 1등임이 발표되자 이과반 분위기가 완전히 바뀌었다. 수학 담당이자 동시에 담임을 맡았던 선생님은 내가 감사의 말을 하기 전에 나를 껴안고 "고맙다. 노군!"라며 기뻐하였던 그 감격은 결코 잊지 못 할 것이다.

1949년 6월 초순, 강원도 춘천시에서 배구협회가 주최한 종별 선수권대회에 참가하였다. 6월 7일로 확정된 중학교 졸업식을 앞둔 원정형 출전이었는데 참으로 흥미진진했다. 더욱이 선수 9명 중 6명이 동기였는데 그중 5명이 서울대에 합격하였다.

대학생활을 시작한 지 얼마 안 되었을 무렵 자연과학부 5개 학과(수학과, 물리학과, 화학과, 생물학과 및 지질학과) 대항 체육대회 개최를 알리는 공지가 학과 게시판에 떴다. 내가 중학교 시절, 남의 눈을 끌 정도로 잘하는 배구선수였다는 사실을 어떻게 알았는지 급우는 물론 선배들이 찾아와 꼭 출전해 달라며 간곡하게 설득했다. 네댓 번 고사하였으나 더 이상 버티기 어려워 출전하기로 했다. 그리고 결승전까지 올라갔고 물리과의 숙적이었다는 화학과 팀과 대전 끝에 물리과가 우승컵을 차지하였다. 이 연례행사 중 역사상 물리과가 우승한 최초의 사건이라며 나를 마치 돌연변이종 하나가 물리학과에 들어온 것처럼 야단법석이었다. 특히 나보다 2년 선배(서울대 5회)와 1년 선배 등 칠팔 명은 체육대회가 끝나자 곧 '레코드 콘서트 홀(Record Concert Hall)'에 가서 자축연을 하기로 했다며 나를 잡아챘다.

  자연과학부 정문 건너편에 있었던 내 선배들의 단골집 '레코드 콘서트 홀'에 막상 가보았는데 정말로 걸작이었다. 선배들이 '레코드 콘서트 홀'에 가자고 말했을 때만 하더라도 나는 역시 대학생들의 '한잔 문화'는 한 차원 높나 보다! 며 기대가 컸었는데 막상 들어가 본 홀은 네댓 평쯤 되는 콘크리트 바닥 위에 세워둔 드럼통에 둥근 철판을 얹혀 놓고 거기에 설익은 배추김치 한 접시와 잘게 썰어 놓은 쪽파가 담긴 간장 종지, 대나무 젓가락 통뿐이었다. 그리고 손님이 주문하면 나오는 안주를 거기에 놓고 먹는 그런 선술집이었다.

  '레코드 콘서트 홀'은 돼지비계 몇 조각을 섞어 누렇게 구운 녹두빈대떡이 둥근 모양이라서 레코드판이고 음악은 각자가 부르는 노래로 대신한다는 유별난 콘서트홀이었다. 배구를 통해 알게 된 바로 이 '레코드 콘서트 홀'에서 소개받은 여러 선배들이 그 후의 내 인생길에 많은 도움이 되었다. 또 다른 학과 동기나 선배들도 배구 주역이었던 나를 알아보고 적극적으로 도와주는 등 곤경에 빠진 내가 헤쳐나가야 할 길을 열어 주었다. 또 6·25 동란 동안 내 목숨을 좌우하는 위기 등 심각했던 곤경에서 내가 살아남을 수 있게끔 결정적 도움을 받았던 적도 있었다.

1950년 가을 이른바 9·28 서울수복 이후 유치장에 갇힌 적이 있었는데 전기가 끊긴 어두운 유치장은 남폿불만 켜놓고 있었다. 그런데 어느 날 군복을 입은 사람이 "노재식이라는 서울대 학생이 여기에 잡혀 왔다는데 당장 풀어달라"고 전투경찰한테 큰 소리로 말하는 게 들렸다. '이젠 정말 내가 죽음을 당하게 되는구나!' 싶어 숨을 가다듬고 있었는데 그 사람이 나를 알아보자마자 "노형 나야!"라고 외쳤다. 나는 깜짝 놀라 누군지 확인하려고 망설이고 있었는데 그는 "노형! 나 김기수야!"라고 외치더란 말이다. 꼭 지옥에서 부처님을 만난 것 같은 순간이 나를 찾아온 것이다. 그는 바로 물리학과 1년 선배이며 원래 농구선수였지만 자연과학부 '과 대항 배구경기'에 나의 출전을 강하게 밀어붙였고 '레코드 콘서트 홀' 클럽의 회원이기도 했다. 그는 유치장을 기어 나온 나를 껴안으며 "고생 많이 한 것 같군"하며 나와의 재회를 진정 기뻐해 주었다.

"김 형! 내가 여기 유치장에 갇혀 있다는 걸 어떻게 알았어요?" 했더니 경북 영천 전투에서 승리하고 곧바로 서울로 올라왔는데 마침 우리 집 근처를 지나가고 있기에 내 생각이 났단다. 그래서 부대장의 허가를 받고 우리 집에 들렀는데 "어제 전투경찰대에 끌려가 지금 파출소 유치장에 갇혀 있다"는 어머니의 말씀을 듣고 곧바로 이곳으로 뛰어왔다는 것이다. 이래저래 배구가 내 목숨을 구해 준 것이다.

이 기적 같은 일이 생긴 지 약 한 달 후인 1950년 10월 하순에 접어들자 한국동란의 양상이 달라졌다. 중공군의 참전과 인해전술(人海戰術)로 인해 전선의 남하가 시작됐다. 다급해진 우리 정부는 제2 국민병 소집령을 내렸고(1950년 12월 19일) 수많은 이·공계 대학생들은 공군 기술장교 모집공고에 응시했다.

두 명의 신원보증이 필수였는데 한 명의 보증만 받은 나는 응모조차 못 했다. 그래서 두 명의 상춘클럽 회원과 함께 12월 24일 크리스마스 캐럴이 울리고 있는 새벽 철도국 직원의 가족 피난용 특별 열차 편을 이용, 부산으로 피난 갔다. 용산역을 떠난 지 5일째인 29일 새벽 겨우 부산진역에 도착했다.

막상 부산까지 피난 갔지만, 아는 사람이 하나도 없는 완전 객지였기에 피난초기에는 미군 장교식당에서 야근하였고 낮에는 임시 천막 가교에서 강의를 들었다. 그러나 야간 아르바이트를 해서 받은 대가로는 대학 등록금도 내기 어려웠다. 마침 그 무렵 함께 피난 갔던 친구의 형님이 피난가기 전까지 경영했던 화장품 생산업을 재개하였기에 그 생산 현장에서 아르바이트를 하게 되었다. 이른바 여성용 국산 미용크림을 제조하는 근로자가 된 셈인데 나는 영업에서 회계업무까지 맡았기 때문에 시름을 잊을 수 있는 몇 개월을 보냈다.

나는 1951년 8월 14일부터 1953년 봄까지 부산 남서쪽 다대포(多大浦) 소재 육군병참학교에서 임시문관(文官) 생활을 하며 빵과 학비를 확보했다. 그리고 일주일에 2~3회 부산에서 강의를 들었다. 다대포라는 고즈넉한 어촌의 단칸방 생활은 비록 넉넉한 보수가 보장된 것은 아니었지만 빵과 자유를 오랜만에 향유한 새 삶이었기에 홀가분했었다. 하숙집 앞바다에서 불과 70~80미터 거리에서 철썩이는 파도 소리가 양철지붕집 건너방이 쉼터였던 나를 행복하게 해주었다. 차가운 저녁 바람이 건네준 에너지로 서로 부딪치며 내는 맑은 파도 소리를 즐긴 그런 공간이었다. 그리고 그곳이 내 삶의 터가 되기 전까지 쌓인 고뇌를 말끔히 씻어 내준 고요함도 정말 좋았다고 회고한다.

1953(계사)년 설날, 나는 1년여 동안 몸을 담고 있었던 육군병참학교를 떠났다. 학교 당국의 간곡한 만류도 있었으나 학

부 졸업을 앞두고 그해 4월 공군 현역으로 입대하기로 되어 있었기 때문이었다. 현역으로 복무한 5년간 나의 미래를 위해 내가 쏟은 노력은 국방부 과학 연구소로 파견 기간 중 본격화되었다.

1955년 9월 30일 나는 서울대 물리과 2년 선배이자 '레코드 콘서트 홀' 회원이며 제50 기상전대 선임자였던 김준명 대위(당시)의 주선으로 국방부 과학 연구소 파견근무를 하였다.

1953년 11월 당시 미국의 아이젠하워 대통령이 UN에서 천명한 'Atoms for Peace(평화를 위한 원자력)' 이후에 일어난 전 세계적 대조류(大潮流)에 발맞추어 1955년부터 한국에서 평화적 원자력 이용은 시작되었다. 그리고 같은 해 3월 9일 대통령령 제1140호에 의거 문교부 기술교육국 내에 원자력과(課)를 신설함으로써 관련 사업이 착수되었다.

원자력과 신설에 앞서 필요한 여러 가지 기술행정적 작업은 6·25전쟁 중 공군에 입대했던 이·공계 기술장교(공군 제50 기상전대 소속 공군소령 및 대위 7명과 다른 부대 화학과 출신 2명)및 공대 전기공학과와 기계공학과 1명 등 10여 명으로 구성된 '원자력 스터디그룹'이 담당하였다. 이 스터디그룹은 미국의 머리, R. 교수의 저서인 *Introduction to Nuclear Engineering*과 미국 원자력위원회에서 발행한 *Research Reactor*『연구용 원자로』를 참고문헌으로 해서 세미나를 열었는데 군복을 입은 채 참석한 점이 특이하였다. 이 스터디그룹은 또 1958년 3월 11일 법률 제48호로 공포된 원자력법의 제정을 위해 선진국의 관련 법규 조사·번역에도 적극적으로 참여하였다. 그러나 이와 같은 젊은 과학기술자들이 전개한 활동에 대한 재정적 지원은 전혀 없는 가운데 자발적 봉사로 추진되었음을 밝혀 둔다.

1957년 늦가을, 나는 원자력분야 국가 해외 연구생 모집공고에 응시 선발되었다. 그리고 만 5년의 현역 공군 생활에 마침표를 찍었다. 그러나 전역 후 취업이 어려웠기 때문에 내 주위의 많은 선배·동료들은 나의 전역계획을 만류하였다. 하지만 서울대 자연과학부 '과 대항 배구 경기'를 우승으로 이끈 주역이었기에 알게 된 '뮤직 콘서트 홀'의 선배 덕택으로 국방과학연구소에서 국내 최초로 환경방사능연구에 도전한 것이 오늘날의 내가 존재한 것이다. 나라 살림이 엄청 가난했던 그 시절 238명을 선발해서 선진 외국에 파견한 이승만 대통령은 20년 후에나 효과를 볼 것이라는 원자력 연구 사업에 과감한 투자를 감행한 것이다.

예비역으로 전역을 앞둔 나는 다소 초조했었다. 한국에서 원자력 사업의 출발을 위해 선진외국으로 공부하러 나가기 전까지는 최소한 내 자신의 빵과 자유만큼은 스스로 확보해야 했기 때문이었다. 그러나 1~2년 이내에 그만두고 떠난다는 전제하에 상근직(full time job)을 얻기란 쉬운 일이 아니었다. 그래서 사형의 옛 상사의 주선으로 교통부 부설 국립항공대학에서 일반물리학과 항공기상학을 맡게 될 시간강사가 되었다. 겨우 백수건달(白手乾達)은 면할 수 있게 된 것이다.

항공대학에서 강의는 조종과 학생, 통신과 학생들이 주된 수강대상이었기 때문에 시험도 영문으로 출제하고 재래식 대학 강의 방식과 차별화된 신선한 강의를 해주려고 애썼다.

다행히 이 아이디어는 학생들의 좋은 반향을 일으켰다. 그 이유는 수강생들이 졸업 후 조종사로 일하든 관제(管制) 통신사로 일하든 영어로 대화하고 송·수신하게끔 되어 있었기 때문이었다.

내가 유럽의 MIT라는 애칭을 갖고 있는 영국의 임페리얼 칼리지 런던대학원에서 연구를 하는 동안 지도교수 겸 과주임 교수였던 60대 P교수는 학기 초 나에게 매주 월요일 아침 다른 학생보다 일찍 등교해 연구실에서 만나자고 했다. 지도교수의 말씀을 듣고 매주 월요일 아침 지도교수실에 갔더니 이것저것 묻기도 하고 의논도 했다. 한 달이 지났을 무렵 P교수는 자기에게 하고 싶은 말이 있으면 해보라고 했다. 그래서 나는 "일본 T대학 유체역학분야 권위자였던 A교수의 저서인(이와나미 강좌 중의 하나)『유체역학』에 예시된 그림에 대한 설명 중 앞뒤가 맞지 않아 이상하다고 생각한 일이 있었는데 이 분야의 바이블(Bible)이라는 B교수의 저서에도, T대 A교수의 저서에 실린 설명과 비슷한데 교수님께 묻고 싶었다"고 했더니 "됐어"하면서 만족스러운 표정을 지었다. 그리고 그 자리에서 7~8편의 논문리스트와 지도교수가 공동저자로 출판하게 된 책을 소개·구매토록 권하였으며 "다음주 월요일부터는 아침에 연구실에 안 와도 되니 논문 쓰는데 전력을 다하라"고 미소 지으며 말했다(나중에 알게 된 사실이었는데 문제의 책의 저자인 B교수는 나의 지도교수의 은사였고 지도교수도 그 사실을 알게 된 것이 교수직을 맡기 얼마 전이였다는 것이다).

지도교수는 첫 한국인 학생을 지도하다 보니 내 실력을 알아보기 위해 다양한 질문을 했다. 하루는 "자네의 학부 성적을 보았는데 A학점이 적더군. 서울대학의 학점관리가 어떠냐?"고 물었다. 나는 "학부 1학년 때 배운 일반물리학 학점이 3C로 되어 있는 것은 원래 3D였는데 재시험을 거쳐 C학점으로 상향되었습니다. 1차 시험 결과는 42명 가운데 B학점이 1명, C학점이 3명, D학점이 17명 그리고 수강자의 반은 과락신세를 면치 못했고 담당 교수님이 D학점 취득자와 과락자에게는 재시험 기회를 주겠다고 하기에 나도 응시해서 겨우 C학점을 받았다"고 말씀드렸더니, "8·15 이후 미국 대학을 많이 닮았을 것으로 생각했었는데 한국도 영국처럼 학점을 주는데 인색한 것 같군"라고 했다.

공부에만 내 모든 힘과 시간을 쏟아붓겠다며 학과 대항 배구경기 참여를 거절했던 나였다. 그러나 몇몇 선배들이 매달리며 도와달라기에 내키지는 않았지만 출전했다. 그런데 우승이라는 진귀한 결과가 인연이 되어 선배들의 단골집이었던 '레코드 콘서트 홀'의 회원까지 되었고 나를 사경에서 서너 번 빠져나올 수 있게 도와준 선배들이었다. 또 나로 하여금 원자력 연구에 몰두하게 해줌으로서 떳떳한 인생을 보낼 수 있게끔 이끌어주었다. 즉, 배구가 내 삶의 요행 출발이 된 셈이다. 특히 1~2년 선배 두 분께 내가 이 세상을 뜨기 전에 이 글을 쓸 수 있게해 주신데 대해 감사하는 바이다.

최근 들어 우리나라는 미세먼지로 골머리를 앓고 있다. 1955년 이래 환경방사능을 주제로 한 방사선안전관리와 관련 연구를 다루어 온 나는 1973년 이래 그때까지 직접 다루지 않았던 일반 환경 문제까지 살피게 되었다. 그러나 요즈음은 상당수의 대기 환경 전문가들이 양성되었으므로 그들의 두뇌를 총동원해서 미세먼지 문제를 하루빨리 해결해 주기를 진지하게 바란다. 우선 원인부터 과학적으로 알아낸 다음 그 해결방안의 최적화를 가속화해 주기 바란다.

내가 매일 읽고 있는 한 일간지는 최근 3개월 동안 무려 20회 이상 미세먼지 문제를 다루고 있다. '숨 쉬기조차 두렵다', '핵폭탄보다 무서운 미세먼지의 공포' 등 굵은 고딕체의 활자가 내 눈을 끌었는가 하면 미세먼지로 인한 초과사망이 전 세계 연간 880만 명이나 될 거라고 전하면서 흡연으로 인한 사망자 수보다 많을 것이라고 강조하기도 했다. 그리고 건설 중단한 신한울 3·4호기 원전을 지으면 미세먼지 배출량이 많은 석탄발전소 5개를 안 돌려도 된다는 미세먼지 해법까지 제시하고 있다. 마치 내 대신 제시한 내용 같기도 하다.

'숨 쉴 곳 없는 대한민국'이라는 굵은 고딕체 활자가 다시는 일간지나 주간지를 차지하지 않게끔 해 주길 바라는 마음 간절하다.

문제는 태양에너지가 무한한 에너지원일지라도 태양광 패널은 온도 과열로 인해 발전성능이 최저점으로 떨어지기 때문에 20년 정도의 짧은 수명을 가지게 된다(원자력발전소 수명은 약 60년 정도, 사용승인 연장 가능).

또 버려진 태양광 패널이 문제를 일으키는 것은 결정질 실리콘이라는 핵심 물질 때문이다. 결정질 태양전지는 전체 태양전지의 90%를 차지할 만큼 많이 사용된다. 더히여 이를 만드는 과정에서 4염화규소라는 부산물이 생성되는데 이 물질은 사람의 피부와 눈(시력)에 나쁜 영향을 미치며 폐부종으로 인하여 호흡이 곤란해지는 증상까지 수반할 수 있다. 더하여 심할 경우 동식물 모두 죽음까지 이르게 할 수 있는 물질이다.

세계 각국은 입지 조건이 좋은 곳을 찾아 태양광과 풍력발전을 확대해 나가고 있다. 그리고 발전단가도 계속 낮아지고 있다. 그렇다고 해서 온실가스인 이산화탄소를 배출하지 않은 훌륭한 기술 에너지인 원자력발전을 없애고 그 자리를 태양광과 풍력발전으로 대체할 경우 환경 보전이라는 관점에서 보면 그것은 아무런 의미가 없게 될 것이다. 흔히 태양광발전은 환경친화적이라고 말하고 있다. 과연 그럴까?

태양광발전은 상당히 넓은 부지를 요구한다. 태양광 발전은 1의 발전설비를 건설하기 위해 13.2~14의 부지가 필요한데 원자력발전은 0.6에 불과하다. 산지가 국토면적의 70%인 우리나라의 특성상 이러한 조건을 만족시키는 부지를 확보하기는 어렵다.

쾌적한 환경에서 삶의 확보야말로 만인의 희구요 지상의 행복임을 알고 있는 국민에게 충분한 양으로 그리고 적정한 가격으로 에너지 서비스를 공급받는다는 것이 곧 안정적 경제발전과 쾌적한 삶을 영위하기 위한 필수 조건임을 부언한다.

특히, 미세먼지와 같은 우리 생활환경을 어지럽게 하는 현상이 올 것으로 예상되기 때문에 깨끗한 대체에너지의 개발이 중요시되고 이 분야의 연구에 일생을 바친 연구원들이 정치에 의해 타살되었다는 보도도 있으니 과연 어느 쪽이 진짜 애국자인지 묻고 싶다.

상처 많은 영광

한 영 성

누구나 애칭처럼 쓰이는 별명이 있다. 이는 생김새나 어떤 계기 등에 의해 생겨지곤 하는데 나처럼 별명이 많은 사람도 흔치 않을 것이다. 천정 높은 줄 몰랐고 마른 편이었던 나는 그래선지 별명도 가지가지였다. 키다리, 장다리, 꺽다리, 황새다리로 시작하여 전봇대로 이어졌다. 초·중등학교 때까지만 해도 그리 큰 편에 속하지 않았던 나였다. 중3 말부터 부쩍 성장했던 빼빼는 정말 달마다 달라지는 것을 자신도 느낄 수 있을 정도였다. 비 온 다음 날 쑥쑥 커버리는 오이를 빗댄 물외가 추가됐다.

어린 마음에도 너무나 큰 장대는 되기 싫었던지 주변 조언에 따라 무거운 역기도 들어보았고, 땀을 빼는 것이 좋다 하여 쨍쨍한 여름날 죽어라 뛴 적도 있고, 심지어 마시는 물의 양을 줄여 보기도 했다. 그래도 자라나는 키는 멈출 줄 몰랐다.

재미있는 것은 평소에 내 자신이 키다리라는 사실을 까마득하게 잊어버려 문지방에 이마를 부딪친 적은 다반사이고, 당시 천장 낮은 버스 환기구에 머리를 내민 나를 두고 어린 여학생들이 킥킥거릴 때, 윗분과 나란히 사진을 찍거나 승강기 탈 때 등 참 불편한 점이 많았다.

어쨌거나 대학에 와서는 롱(long)·롱펠로우(longfellow)·꺽다리로 주로 불려졌다. 군 입대 후 공병이란 병과 덕분이었던지 갑자기 '그레이다'로 바뀌는가 했는데 그도 모자라 '엉성이'도 추가되었다. '영성'에서 점하나가 빠졌다나 어쨌다나, 여하튼 어딘가 모자라는 듯한 나를 두고 생겨난 별명인 것 같았다. 아주 못마땅했다. 까닭인즉 신체적 어떤 특징과는 달리 팔삭둥이인 양 인격적으로 무시를 당하는 것으로 여겨졌기 때문이다.

특히 영재가 심했다. 당시 잘 나갔던 화공학과 수재였던 그는 눈동자조차 고양이 눈깔이었는데 말끝마다 '엉성이'라고 불렀다. 그래서 난 "네 놈은 엉재, 아니 똥재"라고 해댔지만 반의 반도 분이 풀리질 않았다.

장다리든 꺼꾸리든 시간은 가고 세월은 흘렀다. 대학 첫 학기, 체력검정이 있었다. 정해진 대로 뛰고 달렸는데 행사가 끝날 무렵 담당 체육교수가 따로 불렀다. "10월 개교기념일 체육대회 준비 잘해라." 하더니 그날부터 단과대 선수명단에 올랐다. 시골 고등학교에서조차 별로 내세울 것 없었던 터라 의외였으나 기분은 좋았다. 어찌 잊을 수 있겠는가! 비록 우승 한 번 못 해 봤고, 400미터 준우승이 최고기록이긴 했지만….

세월이 흐르고 나이가 들만큼 들었는데도 친구들은 여전히 '롱(Long)'과 '엉성이'를 번갈아 쓰고 있다. 그런데 모를 것은 언제부터인가 자신을 꿰뚫어 보고 붙여진 별명이라고 받아들이기 시작했다는 것이다. 껑충한 생김새도 그렇고, 하는 짓도 어설프고 엉성할 뿐 아니라 친구 사귀기를 좋아하고 또 인정이 있어 이런저런 일에 남에게 당하기도 잘하다 보니 자연히 그렇게 비쳐졌을 것이다.

세상만사, 좋은 일만 있는 것도 아니고 안 좋은 일도 있기 마련이다. 나는 엉성하다. 그래서 엉성이로 살아가기로 했다. 느슨해진 나를 조이고, 군데군데 빠진 것, 모자라는 데를 메워나가는 노력 하나하나가 나의 일과요, 그 연장선이 나의 삶, 인생이 아니겠는가!

지금부터 엉성한 '엉성이'의 이야기 시작이다. 공무원 사회는 조직사회이자 계급사회이다. 어느 조직이나 위로 올라갈수록 자릿수도 적고 경쟁 또한 치열하기 마련이다. 과기부 차관으로 명을 받은 한 달 후인 1993년 4월 어느 날, 업무차 과학연구 단지가 있는 대전으로 출장을 갔다. 운전기사를 재촉하여 도착한 곳은 충남대 운동장. 그날따라 운동장은 넓었고 한산했다. 천천히 트랙을 따라 발길을 옮기는데 밀물처럼 다가오는 감회를 억누를 길이 없었다.

 좀 쑥스러운 이야기지만 중앙부처의 차관보는 차관 승진을 눈앞에 두고 꿈에 부풀어 있는 자리다. 그런데 이게 웬 날벼락인가, 안면도 사태의 기억을 되살리면 짐작이 가겠는데 소위 핵폐기물 처분장 문제로 갈등이 심화됐고, 결과적으로 좌천이라는 속된 말로 물 먹은 신세가 되고 말았다.

 같이 시간을 보내줄 사람도 딱히 없었을뿐더러 굳이 찾아 나서면 한두 번은 응해 주기도 하겠지만 왠지 혼자 있고 싶었다. 숙소인 좁은 공간에 틀어박혀 술병을 비워 대는데도 울화통으로 가슴이 답답해 견딜 수가 없었다. 하여 아무도 모르게 혼자이면서 당장의 답답함을 풀어줄 대상을 찾게 되었고, 어둠에 묻힌 대학의 운동장이 떠올랐었다. 충남대 운동장과는 이렇게 해서 인연을 맺게 되었다. 암흑의 신이 돌봤는지 뛸 생각을 하게 됐고, '달밤의 체조'가 시작됐다. 궂은 날 갠 날 할 것 없이 밤마다 이어졌다. 한 바퀴 두 바퀴 열 스물 아니 쓰러질 때까지 뛰었던 곳이다. 더는 안 되는 순간에 이르면 주저앉았고 이어 하늘을 향한 채 큰 대자로 드러 눕고 만다.

"너는 다리 밑에서 주워 왔다" 말귀를 알아들을 만한 때부터 할머니가 잊을만하면 되뇌이던 사연이다. 그님의 외아들에서 태어난 첫 손자를 그렇게 귀여워하시면서도 주어온 사실은 조금도 변할 기미가 보이질 않았다. 특히 손주 녀석이 예쁜 짓이나 미운 짓을 했을 때 노래의 후렴처럼 이어지는 '다리 밑 아이'였다. 철이 좀 들어서는 자신을 거울에 비춰보곤 했다. 닮은 것도 같고 영 아닌 것 같기도 했다.

"아니야 말도 안 돼" 하면서도 어릴 때 자주 듣던 이야기라 그런지 마음 한 곳에 잔영이 있었는지도 모른다. '돌아가시기 전에 사실을 반드시 밝혀주실 것'이라고 믿고 있었다. 그토록 애타했던 손자의 숙제에 대하여 단 한마디도 남기시지 않은 채 할머니는 저세상으로 떠나시고 말았다. 왠지 야속한 마음이 들기까지 했다. 당시만 해도 어려웠던 때라 비를 피해 다리 밑 편편한 곳에 삶터를 정하고 끼니를 구걸했던 거지 부자도 있었다. 그 아이가 내 또래였기에 더욱 끙끙댔던 것일까?

늦깎이는 어쩔 수 없는가 보다. 조산원을 겸했던 할머니, 못난 녀석 하나를 누구보다 먼저 주울 수 있었고 바로 '다리 밑'

이었다. '주워온 놈'이라는 말씀을 한 번 더 들을 수 있다면…, 아쉬움만 남는다.

대학 3학년 때 어머니가 돌아가셨다. 하늘이 무너진다는 말이 이런 경우를 두고 생겨나지 않았나 싶다. 그런 비통한 순간에 친구들이 찾아왔다. 도무지 웃을 수 있는 감정이 아니었는데도 그들은 끈질기게 나를 웃기려 들었고 나도 모르게 그만 피식 웃고 말았다. 아니 이럴 수가? 어머니께 죄지은 기분이었다. 그런데 알 수 없는 것은 웃었던 그 순간엔 슬픔도 잠시 잊혀지더란 사실이다.

누구나 비슷한 어린 시절이 있겠지만 나의 경우도 책 하나만 들고 있으면 심부름이나 여타 가사에서 벗어날 수 있었다. 바쁠 때는 일손을 도와야 한다고 아버지는 역정을 내곤 했지만 어머니는 철저했다. 때로는 책보는 척 연극도 했는데 아는지 모르는지 공부하는 모습자체를 그렇게 좋아했다.

그 덕에 서울로 진학, 첫 겨울방학을 맞아 시골집에서의 어느 한때, 그날도 고교시절에 하던 대로 밤 10시경 잘 익은 연시를 들고 어머니는 나의 방을 찾았다. 전깃불도 없던 시골이라 호롱불을 사이에 두고 모자간의 다정한 시간, 어머니의 손을 잡았다. 굳은살로 두터운 손은 언제나 그렇게 따뜻했는데도 왠지 내 가슴은 싸했고 아렸다.

자식의 학업을 신앙처럼 알고 살아오신 그님의 소원이 있는지, 있다면 무엇인지 여쭈어 보지 않을 수 없었다.

"○○○의 어머니", "○○○의 어머니 묘(墓)"…충격이었다. 일찍 돌아가실 깃을 알았을까? 어머니의 깊은 뜻을 아직도 제대로 헤아리지 못한 채 오늘을 살고 있는 못난 아들은 그님을 떠올릴 때마다 눈시울이 젖어들고 어떤 한으로 목이 멘다.

시골에서 태어나 편도 8킬로미터를 오가는 중학 3년의 통학 길, 정이 있고 수줍음을 타며 바다를 좋아하는 평범한 청소년기를 보냈다.

서울로의 꿈은 진하고도 강했다. 고생 끝에 서울로 왔다. 기대가 크면 실망도 크게 마련인가? 데모로 얼룩진 대학생활은 내 생각에도 평점 미달이었다. ROTC 1기로 군문에 들어갔다. 2년여 동안 흔히 암흑기로 일컬어지는 이때가 돌이켜보면 무의미하지만은 않았다. 전역 후 제 1차 방황기를 거쳐 종로에 지원(芝苑)이라는 음식점을 냈다. 열심히 하기도 했지만 장사가 잘 되었다. 주위의 권유도 잇달아 제2, 3사업으로 뻗어나갔다. 하나쯤 무너져도 나머지가 받쳐주겠거니, 믿는 데가 있었다. 자만에 찬 젊음은 도미노 현상을 미처 예견하지 못했고,

빈털터리가 되고 말았다. 남은 것은 좌절뿐으로 제2의 방황기를 맞았다. 그때 칠흑 같은 어둠 속에서 한 줄기 빛이 보였고 그 문을 두드렸다. 공직자의 길로, 그것도 뒤늦게 뛰어들었다. 이제 믿을 것은 오직 내 몸뚱이 하나 그것뿐이었다. 조금은 남다른 각오의 배경이다.

그렇기는 해도 기술직인 나를 두고 '행정센스가 없다, 제 주제에 원자력을 알면 얼마나 안다고?'라는 뒷소문이 무성했다. 그래서 먼저 이 산을 넘지 않고는 앞이 보이지 않을 것만 같았다. 어렵사리 서울대학교 행정대학원에 들어갔다. 내 좁은 시야를 넓혀주었다. 더욱 다행인 것은 꼬리표 하나가 말끔히 사라진 줄 알았는데 '천문기상학과를 나온 주제에 원자력을 알면 얼마나 안다'고 수군대는 소리가 들려온다.

기술직으로서 전문지식은 필수다. 미국원자력규제위원회(NRC: Nuclear Regulatory Commission)에 파견·훈련시킬 요원을 선발한다고 했다. 다행히 제1차로 선발되어 워싱턴으로 왔다. NRC 자체 훈련과정에 추가로 더해진 유일한 이방인 인지라 영어도, 기술과정도 무척 힘겨웠다. 어떻게 주어진 기회인데… 죽기 살기로 매달렸다. 과정자체는 어려움이 컸던 반면 귀국의 발걸음은 날아갈 듯이 가벼웠다.

이젠 앞가림은 좀 할 수 있을 것 같았는데도 주위 시선은 달라진 것이 없었다. 내친김에 기술사에 도전했다. 한다고 했는데도 1차는 고배, 창피했고 아팠다. 고심 끝에 재도전, 단배는 달았다. 동기 380명 이름으로 대표선서 및 자격증을 받는 영광을 안았다. 에너지(원자력)기술사, 원자력 문맹 탈출기다.

과기부 지원 중 순치적인 단계를 거쳐 장관식(국가과학기술자문회의 위원장)에 오른 첫 번째의 영광이 나에게 돌아왔다. 뛰어난 선배와 쟁쟁한 동료들을 떠올리면 한마디로 운이 좋았다.

그리고 1994년 크리스마스 다음 날 30여 년 공직을 마감했다. 장관직을 물러 난지 하룻밤 사이인데도 아침에 일어나 보니 세상이 달라져도 한참 달라진 느낌이었다. 무엇보다도 당장 갈 곳이 없었다. 기계처럼 움직이던 많은 날, 면도를 하고 옷가지를 챙겨 입었건만 어디를 가려고 그랬는지 나도 모를 일이다.

순간 훌쩍 떠나고 싶었다. 의아해하는 주위 사람들을 뒤로하고 고속터미널로 왔다. 그러나 어디로 갈 것인가부터 문제였다. 산, 바다… 이왕이면 높은 산, 바다가 있는 곳, 동해로 가기로 했다. 혼자서 표를 사고, 탑승구를 찾고, 별 것 아니라고 생각했는데 서투르기 짝이 없다.

차창에 몸을 기댄 채 지나가는 풍경을 바라보고 있노라니 갖가지 상념들이 꼬리를 문다. 예상했던 것보다는 훨씬 큰 충격, 섭섭한 마음, 끝 모를 회한 등, 이럴 땐 차라리 바보가 되어, 아니면 해탈의 경지에 들어 허허거릴 수 있다면 얼마나 좋으랴 싶다. 탁 트인 동해의 수평선, 싸~한 바닷바람, 때 묻지 않은 해변을 거닐면서 상당히 수그러들리라 믿었던 무거운 마음은 아무런 차도가 없었다.

  병도 마음에서 나고 또 낫는다고 했다. 이열치열이다. 가급적 험한 등산로 －백운대 역방향－을 택해 산행길에 올라본다. 한발 삐끗하면 끝이다, 필사적으로 매달렸고, 살아야 했다. 아픈 다리 가쁜 숨, 한겨울인데도 흠뻑 땀에 젖은 채 정상에 다다른다. 납같이 무겁던 마음이 한결 가벼워진 느낌이다. 역시 고(苦)는 고로 풀어야 하는가 보다.

술로 지킨 동창회장 자리

채 성 기

　　나는 젊었을 때 술을 무척 좋아했다. 술은 종류에 상관없이 소주, 맥주, 막걸리, 청주, 고량주, 위스키 등 가리지 않고 잘 마셨다. 술은 종류마다 알코올 도수가 다르고 향미도 달랐지만 모두 맛있었다. 그렇기에 술을 사양한 적이 없었다. 한때는 격에 맞지 않게 와인에 심취해서, 백화점 와인 숍에서 세일할 때마다 마음에 드는 와인들을 사서 와인 창고에 두세 병씩 보관시키고, 마시기도 하였다. 나를 처음 만나는 사람들은 내가 체격이 마른 편이고 성격이 온순하게 보여서, 술을 잘 마시지 못 할 것이라고 생각했다. 그러나 한두 번 술자리를 함께 해보면 그렇지 않다는 것을 알게 되었고, '밑 빠진 독'이라고 부르기도 하였다. 대학 다닐 때 과주임 교수는 과모임에서 항상 나를 제일 늦게까지 뒷정리를 시키셨다. 또 은사 중 한 분은 과분하게도 채 군은 '주선(酒仙)'은 못되어도 '주호(酒豪)'는 충분히 될 것이라고 말씀하셨다.

  예전에 통행금지가 있었을 때, 나와 호적수인 C교수와 만나면 막차시간에 임박해서야 마지못해 자리에서 일어나곤 하였다. 한 번은 막차를 놓치고 자정이 넘어서 걸어가다가, 야경꾼에게 붙잡혀서 동네 파출소에 가게 되었다. 마침 당직근무자는 나를 알아보고(그 당시 나는 신변보호 대상이었는데, 그는 내가 처음 그 동네로 이사했을 때 인적사항 확인 차 면담했던 담당 경찰관이었다) 야경꾼들에게 나를 댁에까지 잘 모셔다드리라고 지시했다. 그 후로는 통행금지를 어겨도, 야경꾼의 보호를 받으며 귀가한 일이 몇 차례 더 있었다.
  나는 술 복도 많았다. 술을 사주는 친구들도 적지 않았는데 그중에는 유수한 술회사의 사장을 오랫동안 지낸 동기생도 있었고, 잘 나가는 건설회사의 현장소장과 고위 임원을 지낸 친구도 있었다. 또 한 친구는 미국에 이민 가서 뉴욕에 살고 있었다. 미국에 출장을 자주 다닐때에는 오가는 길에 반드시 뉴욕에 들러서, 그곳에 사는 친와 한잔하는 것이 업무 외에 꼭 해야 할 일 중 하나였다.

　한 번은 저녁식사 하면서 반주로 양주 한 병을 나누어 마셨고, 2차로 술집에 가서 양주를 한 병씩 더 마신 후 차를 세워 놓은 곳에 왔다. 그런데 친구는 운전을 못 하겠다며 나보고 운전하라면서 조수석에 앉자마자 곯아떨어졌다. 나도 차를 조금 운전하다 보니 취기가 올라오고 길도 잘 모르겠기에, 차를 길가에 대어놓고 같이 잠이 들고 말았다. 그런데 밤사이 미등과 실내등을 다 켜놓았던지 아침에 깨어보니 배터리가 다 방전이 되어 있어서 애를 먹은 적도 있었다.

　대학 다니던 시절에 술을 좋아하는 친구 다섯 명이 모여서 모임을 만들었다. 다른 활동도 했지만 매달 한 번은 술을 실컷 마셨다. 직장을 가진 후부터는 만나서 술만 마시지 말고, 달마다 회비를 걷어서 적금을 들어 기금을 만들기로 하였다. 그 모임은 직장생활을 하면서도 잘 유지되다가, 이런저런 이유로 한 명, 두 명 빠지고 저세상에 먼저 가기도 하여, 나중에는 두 사람만 남게 되었다. 그때까지 모인 돈은 겨우 2천만 원도 채 되지 않았다. 그래서 그 돈을 몽땅 주식에 투자했는데, 운이 좋았는지 종목을 잘 골랐는지, 한 10여 년쯤 지나니 2억 원이 되었다. 둘이서 1억 원씩 나누어 가졌고, 나는 그

돈을 모교에 장학기금으로 기부하였다. 술을 좋아해서 얻어진 돈으로, 평소에 하고 싶었던 일 한 가지를 성취하게 되어 가슴이 뿌듯하였다.

그렇게 술을 좋아하던 나도 술 마시기가 싫었던 적이 있었다. 직장이 지방으로 이전하여, 주중에는 혼자 지내다가 주말에만 서울 집에 오는 이른바 주말부부가 되었는데, 주위의 후배들은 내가 술을 좋아하고 혼자 있는 것을 아니까 회식이 있으면 여기저기서 "수저하나 더 놓을 테니 오십시요"라고 했다. 다른 약속이 없으면 빠짐없이 참석했다. 왜냐하면 저녁식사도 해결하고 술도 마실 수 있어서….

어찌하다 보면 월요일부터 금요일까지 하루도 안 빠지고 술을 마시는 일도 잦았다. 그러다가 주말에 집에 오면 술을 마시고 싶지 않았다. 한때 장인 장모를 2년 정도 모시고 산 적이 있었는데, 장인은 나보다도 훨씬 더 주량이 세고 술을 즐겼다. 94세에 돌아가시기 전까지도 매일 점심 저녁 반주로 소주 한 병씩을 드셨다. 토요일에 집에 가면 저녁때 "와서 한잔하지" 라며 부르신다. 그때는 주중에 술을 많이 마셔서 마시고 싶지 않아도 못 마신다고 할 수가 없었다.

대학원 다닐 때 내가 졸업한 학과의 동창회를 만들어, 1회

졸업생이라는 프리미엄으로 서른 살도 안 되어 동창회장이 되었다. 그리고는 여러 차례 연임을 하니까, 회장자리를 내주었으면 하고 바라는 후배들도 생기고, 농담 반 진담 반으로 동창회장 자리를 물려달라는 얘기도 듣게 되었다. 그래서 나에게는 선배가 없어서 할 수 없이 일찍 회장이 되었시만, 너무 젊은 나이에 회장 자리를 두고 다투기라도 하면 보기 안 좋으니 기다리라고 하며, 나하고 술시합해서 이기면 언제든 자리를 내주겠다고 말했다. 그 후 미국의 모 대학에 3주간 연수를 받으러 가게 되었다. 마침 그곳에는 기수가 다른 후배 3명이 유학하고 있었는데, 자기들이 회장 자리에 도전해 보겠노라고 하였다. 3대1로 하는 것이 좀 불공평했으나, 나는 도전을 받아들여 주말에 밤새도록 양주를 마시며 대결하게 되었다. 얼마나 마셨는지는 잘 기억나지 않으나, 나중에 셋이 다 기권해서 무난히 동창회장 타이틀을 방어할 수 있었다. 나는 그 후에도 술의 힘으로 연임을 계속하여 20년 넘게 자리를 지킨 후, 쉰 살에 후배에게 자리를 물려주었다.

한번은 대형 연구시설 건조 사업을 맡은 적이 있었다. 큰 연구시설 건조에는 다년간에 걸쳐 많은 예산이 투입되어야 하고, 공기가 길면 예산 증액도 불가피하다. 해마다 예산 철이면 예산을 제대로 배정받기 위해서, 해당 정부부처에 가서 실무자부터 윗사람까지 찾아다니며 설명하고 설득하여야 한다.

특히 중간에 예산이 삭감되거나 공기 지연의 사유가 생기면, 예산확보의 어려움은 가중된다. 사업이 막바지에 이르러 예산증액이 필요한 때였다. 담당, 과장, 국장까지는 만났는데, 그 위에 결정권자인 실장을 만나기는 '하늘의 별 따기'라고 할 정도로 어려워서 장·차관들도 줄 서 있다고 했다.

어렵사리 다리를 놓아 한 번 면담 약속이 되었다. 그런데 그 시간에 가보니 실장은 급한 용무로 국회에 갔다는 것이다. 미리 예고도 없었다. 허탕 친 나는 그날 저녁 술을 잔뜩 마시고 집에 들어왔다. 한때 국가기밀을 취급하는 기관에서 일한 적이 있어서도 그렇지만, 나는 직장과 관련된 일에 대해서는 집에서 절대로 얘기하지 않았는데, 그날따라 술기운에서 인지 아내에게 사정 이야기를 모두 털어놓았다.

그런데 이게 웬일인가? 자기 친구들 중 하나가 남편이 예산 관련 일을 맡고 있다는 얘기를 들었다는 것이다. 그래서 당장에 전화해보라고 하니 그가 바로 내가 만나고자 한 사람이었다. 구세주가 따로 없었다. 그는 낮에는 시간이 없고 아침 일찍 출근하니, 다음 날 오전 7시에 사무실로 오라고 하였다.

이렇게 해서 나는 충분한 시간을 갖고 설명할 기회를 얻게 되어, 무난히 예산 증액과 공기연장을 인정받아, 사업을 차질

없이 완성할 수 있게 되었다. 그것도 술 덕분에 아내의 도움을 얻게 된 것 아니었나?

나이가 드니 차츰 술이 약해지고, 조금 많이 마시면 지하철에서 졸다가 내려야 할 곳을 지나치는 일도 일어났다. 그러다가 한 번은 종점까지 가게 되어 택시 타고 돌아온 적도 있었다.

나이 육십대 중반에 이르러 나의 주량은 많이 줄어 있었고, 마침내 내가 술을 줄이게 된 큰 사건이 일어나게 되었다. 그날은 대학 동기 동창회 이사회가 있었다. 나는 만년 과대표로 그 회의에 계속해서 참석하고 있었으며, 그날은 과대표들과 회장단을 합쳐서 십여 명이 모여 회의를 마치고 중국집에서 저녁식사를 하게 되었다. 반주는 고량주였다. 그때 회장은 마침 나의 술 실력을 아는 사람이어서, 모두 나에게 술잔을 권하게 하였다. 그날은 이상하게 술이 맛있고 입에 당겼다. 많은 친구에게 집중 공격을 당했는데, 옛날 주량 생각을 하고 주는 대로 다 받아 마셨다. 그리고는 다시 양주집에 가서 2차를 한 다음에 술집에서 나왔다. 그런데 택시를 탄 후에 나는 완전히 정신을 잃고 말았다. 그래도 그다음 날 아침에 일찍 일어나, 속이 좀 거북했으나, 정상적으로 출근했다.

그날 밤 나는 택시 기사에게 ○○동으로 가달라고 말한 후에, 완전히 인사불성이 되었던 것 같다. 기사는 ○○동 근방에서 나를 깨우려고 했으나 안 일어나자, 큰길에 위치한 파출소 앞에 차를 세우고 당직 경찰관에게 도움을 청했다. 그는 내 셔츠 앞주머니에 꽂혀 있던, 전화번호를 적어 놓은 작은 수첩을 발견하고, 제일 앞장에 큰 글씨로 적혀있는 사촌형님 댁으로 전화를 걸었다. 그분은 그 당시 연세가 팔십 중반으로 집안에서 제일 어른이였다. 사촌형님은 자형한테 알렸고, 자형은 형님에게 그리고 형님은 우리 집으로, 그렇게 연결이 되어 나는 집으로 오게 되었다. 친절한 기사와 성실한 경찰관의 덕분에 무사히 귀가하게 된 것은 무척 고마운 일이었다. 그러나 이 일을 온 집안사람들이 알게 되었고, 나는 한동안 집안에서 얼굴을 바로 들고 다니기가 어려웠다.

그 후부터 절주를 시작하였고 음주 횟수도 많이 줄였다. 그리고 어느 자리에서건 술을 두세 잔 넘게 마시지 않는다. 지금은 형님들이 모두 돌아가시고 내가 제일 어른이 되었다. 나처럼 술을 많이 마시는 동생이나 자식이 없으니 앞으로는 술 때문에 말썽이 생기지 않을 것이다. 그래도 나는 술 분해 효소를 많이 가지고 태어나게 해주신 부모님께 감사드린다. 만약 내가 술을 마실 수 없었다면 인생이 얼마나 무미건조했을 것인가?

오페라 여행

노윤래

나는 1964년 1월부터 1965년 7월까지 18개월 동안 오스트리아 수도 빈에 체류했었다. 빈은 세계적으로 유명한 음악 도시로 널리 알려져 있는데 이는 18세기 초부터 이어지고 있는 전통이라 할 수 있다. 빈 시내의 중심지에는 베토벤, 모차르트, 브람스 등 악성들의 동상이 세워져 있고 시립공원(Stadtpark)에는 바이올린을 연주하는 요한 스트라우스 2세의 동상이 공원을 산책하는 사람들을 맞이하고 있어 빈은 음악의 도시임을 한 눈에 알아볼 수 있다. 나는 이 18개월 동안 빈에서 남쪽 30킬로미터 떨어진 곳에 있는 싸이버스도르프(Seibersdorf) 연구소에서 실험과 핵물리를 공부했는데, 주말이면 빈 시내의 음악

회관(Musikverein)이나 국립 오페라하우스(Staatoper)에서 클래식을 듣거나 오페라를 관람하기도 했고, 교외로 나가 빈 숲을 거닐거나 음악가들이 묻힌 묘지를 찾아 위대한 악성들의 발자취를 찾아보기도 했다. 빈은 참으로 경탄할만한 음악의 성도임이 틀림없다. 가령 국립 오페라극장에서는 7, 8월만 제외하고 1년 내내 오페라를 관람할 수 있는데 놀라운 것은 프로그램이 매일 바뀐다는 사실이다. 오페라를 사랑하는 관광객이 빈에서 4~5일 체류한다면 4, 5편의 오페라를 관람할 수 있고, 낮에는 시내 곳곳의 역사적 명소를 찾아 즐겁고 유익한 시간을 보낼 수 있다. 매년 7, 8월이면 국립 오페라극장은 휴관해 건물을 수리하거나 내부를 정리한다. 그 대신 이 두 달 동안은 잘츠부르크에서 국제음악 페스티발이 열리게 되기 때문에 실제로 오스트리아에서는 매일 훌륭한 음악제전이 개막되고 있는 셈이다. 잘츠부르크는 오스트리아 제2의 도시로 오스트리아인들이 자랑하는 모차르트가 탄생한 도시이며 알프스 산맥을 끼고 자리 잡고 있어서 경치가 아름답기로 유명하다.

  나는 연구소에서 함께 일하는 친구와 음악회에 갔다. 이미 반세기 전의 일이라 기억이 확실하지 않지만 모차르트의 바이올린 협주곡 4번 아니면 5번인 듯했다. 바이올린 연주자는 프랑스인이었다. 음악회가 끝나고 카페에서 친구에게 그날의 음악 연주에 대한 감상을 묻자 친구는 말했다.

"글쎄! 훌륭한 연주자이기는 하지만 그의 음악은 「모자르트」이지 「모짜르트」는 단연코 아니라고 생각해."

프랑스 언어는 매우 부드럽고 유연해 남녀가 속삭이며 사랑하기에는 좋은 언어이지만, Mozart의 오스트리아 발음은 강해 「모짜르트」이지 프랑스식 발음인 「모자르트」는 아니라는 것이다. 그 친구의 해석인즉 연주자는 오스트리아 음악을 연주한 것이 아니라 프랑스식으로 해석해서 모차르트의 음악을 연주했다는 것이다. 오스트리아인들의 음악 수준을 가늠해볼 수 있는 하나의 일화이다.

제2차 세계대전 중에 빈 중심에 위치한 국립 오페라하우스 건물이 폭격으로 일부가 파괴되었다. 1945년 종전과 더불어 나치 점령에서 해방된 오스트리아는 수도 빈의 재건사업을 시작하게 되었는데 열악한 재정 사정에도 불구하고 최우선적으로 착수한 것은 오페라하우스 건물의 복구공사였다. 오스트리아 시민의 음악을 사랑하는 마음을 가늠해 볼 수 있을 것이다.

1964년 여름의 어느 날, 연구소의 동료들이 모여 무슨 일인지 알 수 없었으나 열띤 논쟁을 하고 있어 궁금했던 나는 그 이유를 알아보았다. 국립 오페라하우스의 총감독이며 빈 필하모니의 상임 지휘자인 카라얀이 오스트리아를 떠나 독일의 베를린 필하모니 상임 지휘를 맡게 되었다는 것이다. 카라얀은 당대 세계 최고의 지휘자로 자타가 인정하는 음악인이었기에 오스트리아 시민의 정부에 대한 반발이 문제가 된 것이다.

카라얀은 지휘자로서 카리스마적 위엄이 있을 뿐 아니라 음악의 해석에 있어서는 완벽주의를 고수하는 인물로 이로 인해 문화성의 고위 관리들과 마찰을 자주 빚었다. 하나의 예로서 이탈리아 오페라를 공연할 경우 가수는 물론이고 무대 장식을 담당하는 기사들도 모두 이탈리아인을 선정해야 이탈리아 오페라의 진수를 맛볼 수 있다고 주장한다는 것이다. 가수는 그렇다고 해도 무대를 장식하는 기사나 무대 뒤에서 일하는 노무자까지 이탈리아인을 고용한다면 예산상 도저히 감당할 수 없다는 것이 관리들의 입장이라는 것이다. 결국 카라얀은 빈을 떠나기로 했는데 재정상의 이유 때문에 카라얀의 훌륭한 음악을 들을 수 없게 된 시민의 허전한 마음을 달랠 방법이 없었다는 것이다.

매년 5월 1일(노동절)이면 빈은 시청 앞 광장에서 시민을 위한 음악 축제가 열린다. 입추의 여지없이 모여든 빈 시민들은 너나없이 모두 광장으로 모여든다. 축제의 하이라이트는 요한 스트라우스 2세가 작곡한 왈츠 곡 「아름답고 푸른 도나우」를 빈 필하모니가 연주하는 가운데 국립 오페라단의 무희들이 왈츠를 추는 것이다. 이 음악과 춤추는 무희들을 보면서 장년의 시민들은 어깨춤을 추고 젊은 남녀들은 쌍쌍으로 춤을 추기도 한다.

이 축제를 보기 위해 해외에서도 많은 관광객이 모여들기도 한다. 참으로 빈은 음악의 도시이며 빈 시민은 음악을 사랑하는 세계 제일의 시민이다.

우리나라에서도 서울시청 앞 광장이나 아름다운 고궁의 뜰에서 교향악단이 명곡을 연주하는 가운데 시민과 함께 즐거운 시간을 가질 기회가 자주 있기를 희망하는 것은 허망한 일일까?

PART **2**

에디슨은 전기 마피아?

▸ 프랑스를 위대하게 만든 프랑스의 Msr. Dog을 위하여!
▸ 고향에서의 화형식
▸ 청계천에 조국 근대화의 공적비를
▸ 기술자립을 위한 프로젝트
▸ 원자력에너지로 바닷물을 민물로

프랑스를 위대하게 만든 프랑스의
Msr. Dog을 위하여!

이 창 건

원전 여러 기를 도입·건설하면서 아직도 기술자립을 이루지 못한 데 대해 우리 안에서 자성(自省)의 목소리가 높았다. 그런데 미국의 경우 해군의 릭오버(Rickover) 제독 중심으로 잠수함과 항공모함의 동력 공급용 원자로를 설계·제작을 하며 거액의 군사비를 쏟아부었고 산업계가 그 설계를 받아 대형 원자력발전소를 육상에 건설하는 설계변경 단계에서도 엄청난 비용을 지불했다. 그러던 중 미국에서 TMI 사고가 나자 세계 원자력계는 침체의 늪에 빠지고 말았다. 그때 약삭빠른 프랑스가 미국 웨스팅하우스에서 원전 설계 기술을 헐값으로 사들였는데 그것이 5억 불이었다.

우리는 그렇게 할 수 없으니 원전 입찰서의 기술이양 항목에 높은 가중치를 주어 공급자의 기술을 최대한 흡수하는 방법을 쓰자는 것이 현경호 박사의 복안이었고 그 첫째 대상을 울진 원전 1, 2호기로 잡았다. 그러려면 입찰서류 작성에 앞서 공급회사들의 기술 실태 파악이 필요했다.

그것을 위해 한국전력공사의 성낙정 부사장을 비롯한 기술진 3명과 현경호 한국원자력연구소 소장 그리고 나를 포함해 5명으로 기술평가단을 구성했고 단장은 현 소장, 부단장 성낙정, 나는 그들의 보좌역을 맡았다.

첫 번째 방문지는 프랑스였다. 며칠 동안의 산업체 탐문 후 파리에 돌아오자 프랑스 원자력 장관이 우리를 만찬에 초대했다. 양측 대표들은 화기애애한 분위기에서 저녁을 먹었다. 포도주 몇 잔이 돌아갔을 때 원자력 장관이 일어서더니 쪽지를 꺼내 들고 입을 열었다.

"프랑스는 그동안 여러 차례 한국 원전 입찰에 참가했고 그때마다 최선의 조건을 제시하며 엄청난 노력을 기울였습니다. 그런데 매번 미국과 캐나다 업자의 들러리로 이용당하며 패배의 쓴잔을 맛보았을 뿐이었습니다. 이에 대해서는 시장 경제의 원리원칙인 공정한 평가 기준에 의한 심사 결과가 아니었음을 말해주는 명백한 증거가 있습니다.

여러분들은 이번 방문에서 우리 원자력 산업계의 능력이 세계 최고임을 확인했을 것입니다. 그런데도 프랑스가 원전 입찰에 참여한다 해도 경제성이나 기술 제공 능력 이외의 다른 요인에 의해 이용당하고 말 것이라는 소문이 벌써 나돌고 있습니다.

이번에 또다시 그런 꼴을 당하기 전에 우리도 특단의 조치를 취하려 합니다. 그 조치엔 양국 간의 과학기술 교류를 끊고, 무역 거래를 중단하고… 중략 …(한참 있다가) 그리고 당신네 나라와는 외교 관계를 끊고 프랑스어를 사용하는 세계 모든 나라와 함께 조선민주주의인민공화국과 수교하는 정치외교적 묘책도 포함되어 있습니다. 이것은 우리 원자력부만의 의견이 아니라 관련부처 모두가 합의한 결정사항임을 알리는 바이니 명심하기 바랍니다.

당신네가 원자력 사업을 매번 정치 논리에 의해 멋대로 편파적으로 결정하는데 우리라고 늘 당하고만 있을 수 없지 않겠습니까? 그러나 이 모임이 한불 양국의 최후 만남이 안 되도록 노력해야 할 것입니다. 앞으로 후회하는 일이 없기 바랍니다. 경청해 주셔서 감사합니다."

이 얘기를 들은 다음엔 더 이상 음식도 포도주도 입에 댈

수 없었다. 우린 서로 눈치만 볼 뿐 입을 열지 못했다. 호텔에 돌아온 나는 그날의 프랑스 발언 내용을 보고서로 작성해 현 단장 방에 들고 가니 그는 "놓고 가시오, 아침에 봅시다"라고 했다.

다음 날 아침 현 단장, 성낙정 부단장과 나는 한국 대사관을 찾아 윤 대사님에게 사건의 전말을 보고했다. 프랑스어를 뛰어나게 잘한다는 대사는 공군에서 현 소장과 성 부단장의 상사였던 터라 그들은 가까운 사이였다. 대사는 미국과 캐나다 방문은 뒤로 미루고 곧바로 귀국해 관계 기관에 이 사실을 보고하는 게 우선이라고 귀띔해 주었다. 우리는 비행기 표를 바꾸며 대사의 지시에 따랐다.

얼마 후 우리 국무총리가 프랑스를 방문해 다음 원전 입찰에서는 프랑스 회사가 억울한 일을 당하지 않도록 하겠다는 언질을 주어 도입하게 된 것이 울진 1, 2호기였다. 우리 측에서는 프랑스의 원자력 기술을 최대한 흡수하고 또 값도 아주 좋은 조건으로 계약하게 되었다고 들었다.

울진 1, 2호기 도입 결정 후 한·불 양국은 분야별 연구개발을 공동 추진하기로 합의했다. 이를 위해 담당자들 간의 실무위원회를 구성했고 첫 번째 회의를 한국에서 열었다. 프랑스 대표단은 며칠 동안 우리 원전, 부품 생산시설, 설계회사, 핵연료 공급회사 등을 돌아보고 원자력연구소에 와서 합의문 작성에 들어갔다. 양측 실무진은 서로 사소한 기술 문제에 고집부리느라 시간만 보낼 뿐 합의하지 못했다. 각자 자기 분야 챙기기에 집착한 탓이었다.

시간에 쪼들려 초조한 프랑스 측은 "이러지 말고 양측 대표가 테니스 시합을 해서 이긴 쪽의 초안에 서명토록 하는 것이 어떻겠는가"라는 제안을 했다. 이에 대해 우리 측은 별도로 모여 의논한 결과 그 제안을 받아들이기로 했다.

프랑스 대표 그래프 원자력국장은 테니스 코트가 있는 부유한 가정에서 자라 어려서부터 직업코치 밑에서 테니스를 정식으로 배운 금수저이고 나는 50세가 넘어 남들이 하는 것을 구경하다가 얼치기로 치기 시작한 흙수저였다.

말하자면 정식 사관학교 출신의 직업군인과 전쟁 막바지에 어쩌다가 현지에서 입대한 임시계급의 군졸 같은 차이였다. 그런데도 그 제안을 수락기로 한 것은 그래프는 거구에다 뚱뚱보여서 뛰는 데 문제가 있을 것 같다고 보았기 때문이다. 내가 그보다 나이는 한두 살 많으나 뛰는 것만큼은 자신이 있는 터였다. 그런데 그의 발이 너무 커 운동구점에도 그에게 맞는 운동화가 없었다. 그래서 연구소에서 키와 발이 가장 큰 김영국 박사의 운동화에 엄지발가락이 밖으로 나오게 구멍을 뚫어 간신히 문제를 해결했다.

그는 소년 시절부터 선수답게 공을 아주 잘 쳐 초반엔 많이 이겼다. 이에 대해 나는 육중한 그를 될수록 많이 뛰게 하려는 생각으로 가급적이면 공을 여기저기에 보내는 시간 끌기 작전이 먹혀들어 한 시간이 지나사 그가 힘들어하는 게 분명해졌다.

그날의 한국 대표는 여러 명의 프랑스 대표단과 대사관의 과학참사관 그리고 퇴근 안 하고 지켜본 몇백 명의 연구소 직원들 앞에서 거행된 국제시합에서 태극기를 휘날린 것이다. 시합 후에 보니 그래프의 발은 온통 물집 투성이였다. 부상을 당한 것도 억울한데 내키지 않는 합의문에 서명한 그와 그의 대표단은 뒤도 안 돌아보고 말없이 떠나고 말았다.

그때 아슬아슬하게 이긴 것에 자극받은 나는 테니스를 아주 열심히 쳐 그해의 한국 과학기술단체 총연합회(300여 기관) 주최의 전국 테니스 시합에 나가 우승 트로피를 안았다. 다음 해에 우리는 구멍 뚫린 운동화를 갖고 프랑스에 가서 그래프 국장에게, 이것은 한·불이 합의한 공식 운동화이니 이것을 신고 프랑스에서 다시 시합하자고 했다. 파리 교외에서 자기 테니스화를 신고 뛴 그에게 나는 다시 간신히 이겼다. 그간 열심히 연습한 결과였다. 그러나 두 번째 시합에서는 어느 쪽이 작성한 합의문에 서명하자는 조건은 달지 않았다.

울진 1, 2호기 공급에 성공한 프랑스는 후속기에 남다른 관심을 보이며 우리와 원자력 협력 협정 체결을 제안했다. 프랑스 원자력 장관이 직접 앞장서 협상에 나선 것이다. 협상 협의 후 우리는 파리에서 대접받은 것을 생각해 그 답례로 장관 일행과 프랑스 대사 및 대사관의 과학참사관을 일류호텔 식당에서 만났다.

프랑스 와인이 나오자 프랑스 측에서 그 와인의 산지(産地) 출신이라는 자기네 간부에게 감식을 의뢰했는데 그가 맛보더니 "변했다"고 하는 것이다. 와인 전문가라는 다른 사람도 같은 평을 내렸다.

우리가 호텔 종업원에게 다른 와인을 가져오라고 했더니 그자가 화를 내면서 "병을 따 놓고 다른 병을 가져오라니 말이 되느냐"며 대드는 것이다. 달래도 듣지 않으면서 도를 넘는 반응을 보였다. 그것을 프랑스 대표단은 물끄러미 쳐다보고 있었고 대사관 참사관은 그의 한국말을 알아듣는 것 같았다. 그들은 1866년 우리 정부가 프랑스 신부 12명 중 9명을 때려죽인 병인양요 사건을 잘 알고 있을 것이라는 느낌을 받았다. 그 종업원은 틀림없이 깡패일 것이다. 그것 때문에 한국은 그날 완전히 야만국이 되고 말았고 분위기가 어색하게 돌아가면서 한참 동안 방안은 침묵이 뒤덮였다.

어색한 분위기를 바꾸어보려 했음인지 프랑스 대표단 중 한 사람이 뚱딴지같은 말을 꺼냈다.

"한국 사람들은 개고기를 먹는다지요?"

이에 대해 우리 측의 어느 누구도 나서지 않자 전기공학과 1년 선배인 성낙정 한전 부사장이 말석에 앉아 있는 나를 지목하며 "아마 저 친구(That Fellow)는 먹을 것"이라며 나에게 뒤집어씌우는 것이다. 나는 그것이, 지금 대한민국 입장이 아주 거북하게 되었으니 자네가 희생양(Scapegoat) 노릇을 해줘야겠다는 것으로 해석했다. 1년 선배란 그렇게 무서운 것이다. 할 수 없이 내가 그 일을 떠맡게 되었다.

"내 돈 내고 사 먹지는 않지만 공짜라면 3년에 한 번 먹기도 한다."

"왜 먹느냐?"

"개고기는 사람 세포와 비슷해 흡수도 잘 되고 몸에 좋다는 얘기가 있다."

그랬더니 그가 능청스럽게 말하는 것이다.

"그렇다면 비슷한 것보다 똑같은 것을 먹으면 더 좋지 않겠나?"

이 말은 프랑스식 해학으로, 너희는 식인종과 다를 바 없는 야만인이라는 뜻이 분명했다. 그 모욕적 언사 때문에 그 저녁 행사는 냉랭하게 끝났고 나는 선배의 강압에 못 이겨 식인종 대표로 억지춘향 노릇을 했던 것이다.

그런데도 한·불 원자력 실무회의는 개고기를 뛰어넘고 해마다 장소를 바꾸어가며 개최되었다. 다음 회의는 프랑스에서 열렸다. 우리는 연구소, 설계회사, 발전소를 둘러보고 특히 한국에 없는 재처리시설과 농축공장, 핵융합연구소 심지어 핵잠수함용 원자로까지 구경했다. 그걸 보며 선진기술로써 우리를 압도하려는 의도가 있음을 느꼈다.

마지막 날엔 기기 생산시설이 몰려 있는 리옹(Lyon)에 갔다. 거기는 프랑스 최대의 공업 도시이고 프랑스 요리 맛이 가장 좋다는 지역이다. 경치 좋은 식당에 안내받아 들어가니 지난해 개고기 때문에 어색했던 프랑스 대표단원 두 명이 벌써 기다리고 있었다. 우리는 고급 포도주와 맛있는 요리를 아주 잘 먹고 마셨다. 만찬이 끝날 무렵 나에게는 환영사를 하는 프랑스 대표에 대한 답례사를 해야할 차례가 왔다. 그래서 나는 전에 프랑스 원자력 장관이 우리에게 한 폭탄선언과 서울에서의 개고기 얘기를 떠올리며 저녁식사 연설(Dinner Table Speech)을 했다.

"우리를 이런 훌륭한 곳에 초청해 준 것에 감사드린다…. 프랑스는 참으로 위대한 나라다. 프랑스인은 천재이고 창조적이다. 이것은 위대한 샤를 드골(Charles de Gaulles)이 강조한 말이다. 프랑스의 문화적 토양은 너무도 비옥하여 아주 많은 위대한 철학자, 작가, 과학자를 수많이 배출했음은 노벨 수상자가 많은 것으로 입증된다.

우리는 프랑스가 외국의 시골 여학생을 세계 일류 과학자로 길러내어 노벨상을 두 개나 받도록 뒷바라지했음을 알고 있다. 또 도둑놈(장발장)일지라도 뛰어난 행정가로 변모시키는 문화국이라는 것을 학생 때 읽어 잘 알고 있다… (잠시 머뭇거리다가).

바보는 남들이 보는 곳에서 이빨을 드러내고 하늘을 쳐다보며 이유 없이 히죽거리며 걷는다. 그러나 천재는 입 다물고 심각한 표정으로 아래를 보고 걷는데 그것은 깊은 명상에 잠겨 있는 까닭이다. 우리가 존경하는 빅토르 위고, 발작, 루소(Victor Hugo, Balzac, Rousseau) 기타 유명한 프랑스 과학자들도 다 밑을 보며 엄숙한 표정을 지으며 걸었다.

여기에 와 보니 프랑스인들은 개를 너무 좋아해 식당, 호텔, 엘리베이터, 심지어 비행기에도 데리고 다니는데 그것은 다른 나라에선 보기 드문 광경이다. 그래서 프랑스의 산책로에는 어디를 가나 개똥이 널려 있다.

따라서 여기서는 개똥을 밟지 않도록 아래를 보며 조심스럽게 걸어야 하는 것이다. 이렇듯 위대한 프랑스인으로 하여금 땅을 보고 걷게 만듦으로써 천재의 길로 인도한 것이 바로 개똥이다. 나도 여기에 와서 아래를 보고 걸으며 천재의 길로 들어서는 비법을 배웠다. 그 매개물이 바로 개똥이다. 자, 우리 프랑스인을 천재적이고 창조적이며 위대하게 만든 개님들을 위해 우리 다 같이 건배합시다. 프랑스의 Mr. Dog, Ms. Dog, Miss Dog을 위하여! 한·불 양국을 가깝게 만들어 주는 개님들의 고기와 배설물을 위하여! 감사합니다!"

호텔에 돌아가니 모두 야단이었다. 어쩌자고 개똥 얘기를 해 잘 되어가는 한·불 원자력 R&D 협력에 찬물을 끼얹느냐며 모두가 불평이었다. 나는 지난날의 개고기 얘기를 꺼내며, 한국인을 식인종으로 취급했으므로 개똥은 그것에 대한 답례라고 했다. 그리고 한·불 원자력협력에서는 우리가 갑 입장임을 분명히 한 것이다.

왜냐하면 그들은 우리를 자기네 영향권 안에 끌어넣으려고 몸부림치고 있는 입장이므로 선택권은 어디까지나 우리에게 있으니 병인양요나 개똥이 문제될 것 없다고 자신있게 말했다. 우리는 천재를 흉내 내며 땅만 보고 걸으면 된다. 이럴 때 카운

터펀치(Counterpunch)를 날려야지 언제 그것을 써먹겠는가? 우리 양국은 개고기와 개똥을 넘어 원자력협력사업을 추진할 만큼의 문화적 바탕이 있는 나라들이다. 두고 보라.

우리 원자력계는 기술자립이 최상의 목표였다. 그런데 그때까지 파트너인 웨스팅하우스와 손잡고 있는 한, 그 일을 결코 이룰 수 없다는 판단이었다. 가능하면 이번에는 말을 바꿔 타야 한다는 생각이 널리 퍼져 있었다.

그런 분위기에서 우리는 1985년 태평양연안국 원자력회의(PBNC)를 유치해 성공적으로 치러 국제적인 호평을 받았다. 더욱이 거의 다 중국측에 넘어가게 되어 있는 개최지를 한국에 끌어왔고, 그 후 중국과 대만 측에 국제회의 추진 노하우를 전수하는 멘토 역할까지 하게 되니 자신감이 생겼다.

한국 주최의 PBNC에 대만 참석을 막으려는 중국이 미국 힘을 빌어 우리에게 끈질긴 압력을 가했으나 나는 끝끝내 굽히지 않았다. 그때 내 머리카락의 3분의 1이 빠졌다. 입에서는 단내가 나고 소화도 안 되었다. 그런 경위를 알게 된 주한 중화민국대사인 이 대사님이 회의 후 우리 부부를 명동의 대사관저에 초청했다. 다음은 이 대사의 감사말씀에 대한 나의 답례다.

"나는 내 아버님 말씀을 이행할 수 있게 되어 사후(死後) 효도를 한 것 같아 스스로의 처지에 감사드린다. 그리고 그런 일을 할 수 있게 나에게 기회를 베풀어 준 것이 중화민국인데 오늘 이렇게 인생 최고의 성찬을 베풀어 주시니 고맙기 그지없다."

그러자 그게 무슨 뜻이냐고 묻는 것이다. 내 대답은 "우리가 중국대륙에서 망명정부 간판을 들고 떠돌아다닐 때 중국 사람들의 신세를 많이 졌으니 그것을 잊어선 안 된다는 것이 아버님 말씀이었다. 1세대 동안 사랑방에 공짜로 살게 했고 이따금 먹을 것도 뒷문으로 몰래 넣어 준 것이나 마찬가지 경우였다는 뜻으로 알고 있다"고 덧붙였다. 다만 나는 이번 일로 나의 생각이 많이 성숙해졌다고 느낀다고 했다(머리가 빠졌다는 얘기는 안했다).

그 얘기를 들은 대사 부부가 감격스러워 하는 것을 옆에서 말없이 보고 있는 아내의 모습에서 나는 선녀 같은 느낌을 받았다. 얼마 후 우리 부부는 난생 처음으로 대만 원자력계의 초청으로 외국(대만)여행을 했다. 대만에서 내 아내를 위해 대만전력 소속인 원자력법 전공의 젊은 여자변호사를 배치해 주었다. 홍보실 직원이 아니라 그런 배려는 특별대우라는 느낌을 받았다.

그 후 중국에서 초청받았을 때는 대회 위원장이었던 한국전력의 박정기 사장을 수행했다. 그때는 아직 중국과 외교관계가 없어 ANS회원 자격으로 홍콩에 가서 복잡한 수속을 거쳐 간신히 입국했다. 그때 대륙에서 먹은 중국 음식은 지금도 잊혀지지 않는다.

다음 해에 워싱턴 D.C.에서 열린 미국원자력학회와 미국원자력산업회의(ANS-AIF) 공동 주최인 연차대회엔 한국인 20명이 참가했으며 단장은 한전의 박세직 부사장이었다. 그때 그곳의 2대 뉴스는 체르노빌 원자로 사고 파급효과와 곧 있을 한국의 원전 11, 12호기 입찰소식이었다.

웨스팅하우스는 수석 부사장을 단장으로 한 30명이 전세기를 타고 올 만큼 세를 과시했다. 그리고는 다음 날 점심에 한국 대표단을 모시겠다는 것이다. 나는 이 기회에 우리에게 기술을 내놓거나 아니면 손 떼라는 얘기를 해야겠다고 마음의 준비를 했다.

점심 식탁에서 내가 맨 끝자리를 잡은 것은 모든 사람을 쳐다보며 얘기하기 위해서였고, 점심이 끝날 때까지 한마디도 하지 않은 것도 얘기할 내용을 되새기기 위해서였다. 누군가가 "당신 어디가 아프냐, 왜 그렇게 눈 감고 있느냐"며 걱정스럽게 물었다. 식탁 위엔 얘기할 순서를 간단히 메모해 놓았다. 박 단장이 나더러 점심이 끝날 때까지 한마디도 안 했으니 혹 할 얘기가 있거든 한마디 하라기에 '옳지 됐다'는 생각에 입을 열었다.

"한국 원자력 기술계의 의견을 말하겠으니 양해해 달라…. 나는 권투 구경을 좋아한다. 특히 세계 챔피언 타이틀 경기구경을 즐긴다. 나는 우리나라에서 열린 아홉 번의 세계 타이틀 시합에서 여섯 번이나 이긴 뛰어난 선수를 알고 있다. 그는 지금까지 세 번째와 마지막 두 번의 시합에서만 졌다. 소문에 의하면 그는 곧 한국에서 열리는 세계 타이틀 시합에 다시 도전할 것이라 한다. 그 유명한 권투선수 이름은 그간 9기의 원전 중 6기를 우리에게 공급한 웨스팅하우스이다.

이 6기의 웨스팅하우스 원자로 때문에 나는 그간 1만 시간을 투입했다. 부지 선정부터 시작해 웨스팅하우스 원자로의 알파에서 오메가까지 관여해 온 것이다. 한국의 번영은 이 6기 없이는 불가능하고 웨스팅하우스와의 협력 없이는 기술개발도 힘들다는 것을 우리는 알고 있다.

내 동료 기술진이 운영하는 6기의 웨스팅하우스 원자로 이용률은 미국 경수로의 그것보다 훨씬 높고 세계 가압경수형원자로의 평균치를 앞지르고 있다. 앞으로 이 원자로들의 경제성, 신뢰성과 안전성은 더욱 높아져 세계 최고가 되리라 믿는다. 다시 말하면 우리는 웨스팅하우스를 대신해 밤낮 일하고 있다고 볼 수 있고 그 반대 얘기도 가능하리라 본다….

여러분은 세기의 명작 『역사의 연구』 저자인 영국의 토인비(Arnold J. Toynbee)를 알 것이다. 한때 그는 이런 말을 했다.

'미국은 부강한 반면 남미는 약하고 가난하다. 이 남북 사이엔 넓은 틈새와 깊은 수렁이 놓여 있다. 가난뱅이는 늘 부자를 미워하고 약자가 강자를 시기하는 것은 어쩔 수 없는 일이다. 그것이 엄연한 현실인데도 아무도 그것을 시정하지 못한다'고.

웨스팅하우스 씨!

여기는 약자가 강자가 되고 강자는 더 위대하게 되며 모든 이가 활력에 넘치고 많은 것이 아주 큰 미합중국이다.

자, 보라. 웨스팅하우스는 강하고 부자이다. 첨단기술에 강하고 응용기술을 풍부히 가진 부자다. 우리가 비록 가난하고 약해도 남미 같지는 않다. 오히려 우리는 웨스팅하우스를 존경하고 부러워하고 있기 때문이다.

우리가 바라는 것은 가난한 한국이 부자가 되고 허약한 한국인이 건강하게 되는 것이며 그 과정에서 강한 웨스팅하우스는 더 강하게 되고 부자 웨스팅하우스가 더욱더 풍요롭게 되는 것을 보는 것이다. 그런데 우리 보기에 현실은 너무 우울하고 소문은 온통 비관적 얘기뿐이다. 더욱이 우리가 느끼고 생각하는 것은 웨스팅하우스가 우리 기대에 부응하지 못 하고 있다는 사실이다(다음은 셰익스피어의 줄리어스 시저(Julius Caesar) 중 부르투스(Brutus) 연설을 모방한 것임).

혹 여기에 자기 자신의 발전을 거부하고 부자 웨스팅하우스가 더 부자가 되지 못 하게 방해하는 자가 있는가? 강한 웨스팅하우스를 더욱 강력하게 만들려는 노력을 마다하는 비열한 자가 있는가? 만일 있다면 나는 그에게 잘못을 저지르고 있는 것이다…. 혹 여기에 현상 유지를 획책함으로써 가난한 한국을 더 가난하게 만들고 약한 한국인을 더욱 약골로 만들려는 야비한 자가 있는가? 만일 그런 자가 여기에 있다면 나는 그에게 큰 죄를 짓는 것이다.

만일 여기에 상호협력과 기술이전을 기피하는 상스러운 분이 계신다면 가난하고 약한 한국인들은 그에게 '이별의 노래(Auld Lang Syne)'을 합창할 것이다. 나는 그의 대답을 듣기 위해 기다리지 않겠다(셰익스피어의 표현). 당신네는 하늘 높이 날 날개를 가졌다. 구름 위에 올라갈 수단이 있다(보리스 파스테르나크의 닥터 지바코, Boris Pasternak의 Dr. Zhivago에서).

당신네는 기술, 경험, 자금, 시설, 경영기법, 시장 및 기타 여러 가지를 갖고 있다. 당신네는 동적이고 우리는 정적이다. 당신네는 벌이고 나비지만 우리는 날지 못하는 꽃이다. 당신네는 봄철에 꿀을 따먹기 위해 한국에 날아왔다. 우리는 당신네가 화분을 옮겨주리라 믿고 당신네를 받아들였다. 그러나 많은 한국 엔지니어들은 당신네가 화분을 옮겨주지 않고 꿀만 따먹고 있다고 생각한다. 최근엔 다른 벌들과 낯선 나비들이 날아와 꿀은 따먹지 않고 화분을 옮겨주고 있다.

웨스팅하우스는 우리에게 항상 듣기 좋고 달콤한 얘기를 해줬지만 우리 기술진이 정보를 요청하면 독점정보라며 언제나 주지 않았다. 이렇게 우리 사이에는 대화의 통로가 막혀 있는 것이다. 강한 자는 주변 이웃이 모두 약자로 남아 있는 한, 더 이상 강하게 될 수 없다. 부자도 옆 사람들이 전부 가난뱅이라면 결코 큰 부자가 될 수 없다고 한다.

만일 챔피언 권투선수가 너무 치사하게 굴고 건방지게 보인다면 구경꾼들은 그가 얻어맞아 쓰러질 경우 모두 일어나 박수치려는 유혹에 빠지게 될 것이다.

역사상의 비극들은 마지막에 해야 할 일들을 하지 않는 것 때문에 생기기보다는 오히려 애초에 자기 의무를 다하지 않은 원인으로 말미암아 발생한다는 철학자 조지 산타야나(George Santayana)의 얘기로 내 말을 마치겠다.

너무 심각한 얘기인가요? 그러면 다들 한잔합시다. 이상."

호텔 방에 들어가니 우리 대사관에서 그 연설 원고를 곧 보내 달라는 것이다. 나는 메모를 보며 얘기해 작성해 놓은 원고가 없으니 기억을 더듬어 만드는 대로 보내주겠다고 했다.

웨스팅하우스에선 난리가 났다는 것이다. 수석 부사장이 급히 한국에 와 여러 경로를 통해 내 발언의 진의를 파악해 봤는데 그것은 정부의 공식 입장이 아니고 단지 현지에서 일어난 돌발사태였음을 알게 되었다는 것이다. 특히 이창건이라는 자는 별 볼 일 없고 정치계에 끄나풀이 없어 전혀 영향력을 발휘하지 못하며 단지 유통기간이 거의 끝나가고 있어 곧 옷 벗게 될 원자력 1세대일 뿐이라는 사실을 알아냈다는 것이다. 그런데 그 별 볼 일 없는 자의 의견이 별 볼 일 있게 변모해 가고 있는 현상이 점차 꿈틀거리기 시작했다.

그로부터 얼마 후 미국 에너지성 원자력담당 차관인 쉘비 브루어(Dr. Shelby Brewer)가 찾아왔다. 미국 고관이 내 방에 오기란 드문 일이어서 이상하다는 생각이 들었다. 테니스 국가대표였던 그가 한미테니스 시합을 하자고 제안할 것 같지는 않았다. 그와는 구면이지만 그의 태도가 전과는 사뭇 달랐다. 공무원 생활을 끝내고 곧 컴버스천 엔지니어링(Combustion Engineering: CE) 수석부사장직을 맡게 된다며 명함을 내놓았다. 그러더니 "당신이 워싱턴 D.C.에서 웨스팅하우스에게 강한 펀치를 날려 지금 그가 피 흘리며 비틀거리고 있다"는 소문이 파다하다며 그 권투시합 연설문을 얻으러 왔다는 것이다.

이틀 후에 나타난 그는 CE의 입장을 소상히 밝혔다. CE는 갖고 있는 기술을 전부 한국에 내놓고 한배를 타고 세계 시장에 진출하자고 제안하는 것이다. 지난날 웨스팅하우스도 당신과 똑같은 얘기를 매번 하면서도 알짜 기술은 내놓지 않고 돈만 빼가려 한다고 했더니 자기 얘기를 들어보라며 이렇게 말하는 것이다.

'지난 20년간 미국에서 원전 발주가 한 건도 없었던 것은 스리마일 아일랜드(TMI) 때문이었다. 그런데 설상가상으로 체르노빌 사고가 터져 그 영향으로 앞으로 20년간도 마찬가지일 것이 분명하다. 그렇게 되면 40년 묵은 원전 설계기술을 누가 거들떠보겠나? 그래서 CE가 이번에 나에게 특명을 내렸다…. CE의 전략은 한국의 11, 12호기를 기회로 삼아 우리의 모든 기술을 한국에 내놓고 그것을 바탕으로 새 원전을 공동 개발해 한국과 함께 세계시장에 진출하자는 것이다. 그것이 당신의 연설문 골자가 아닌가?'

CE는 치열한 경쟁 끝에 한국원전 11, 12호기(영광 3, 4호기)를 수주했다. 그 후 원자력회의에 갔더니 쉘비 브루어를 비롯, CE 간부 5명이 부부 동반해 밝은 표정으로 다가왔다. 저녁을 먹자며 끝에 그들과 합세했더니 나를 상석에 앉힌 쉘비가 이런 얘기를 하는 것이다.

 "우리는 한국 원자력기술계의 입장을 우리 일처럼 심각하게 받아들였다. 그래서 당신의 연설문을 액자에 걸어놓고 읽으면서 입찰서류를 작성했다. CE의 수주는 연설을 교훈 삼은 우리의 진심과 기술제공 결심 때문이었다고 본다. 그 액자는 지금도 내 방과 입찰서류 작성담당 기술부에 걸려 있다. 세계 최고의 원전 관리실적을 올리고 있는 한국과 한배를 타게 된 CE는 틀림없이 세계 최고의 원전을 함께 설계해 세계 시장을 누비게 되리라 믿는다. 진심으로 감사한다."

 옆에 바짝 붙어 앉은 브로어 부인이 나를 특별히 챙겼다. 그 후 몇 차례 만났을 때도 그 연설문 액자가 아직 걸려있다고 쉘비가 말했다.

 어쨌든 우리는 CE의 힘을 빌어 기술 도입과 기술자립을 이루어 그것을 바탕으로 한국형 원전개발에 성공했다. 그리고 그보다 한 단계 앞서 개발한 국산 원전으로 세계 최고 가동률을 달성했고 또 KEDO를 통해 2기의 원전을 북한에 공급(나중에 중단)했으며, 나아가 UAE에 4기 수출도 성공했다. 거기에는 CE기술진의 인간적인 협력이 큰 도움이 되었다

고향에서의 화형식

이용수

　데모만큼 자유를 표현할 방법도 많지 않다. 이제 자유세계 어디에서나 데모를 보는 것은 어려운 일이 아니다. 가장 자유롭고 쉽게 자신의 의사표시를 할 수 있는 방법인 데모(demonstration)는 사상과 표현의 자유를 나타내는 상징적인 도구가 되고 있다. 자신의 생각이 어떻게 늘 다른 사람이나 집단 혹은 국가의 생각과 같을 수 있으랴. 그래서 데모는 흔히 일어날 수 있는 개연성을 갖는다. 홀로 하는 데모보다는 집단이면 그 위세가 더욱 크게 느껴진다. 무수한 깃발들, 구호, 플래카드, 시위 행렬…. 보기에 따라서는 무슨 축제같이 느껴지는 데모도 많다.

4·19 때 청와대 앞까지 돌을 던지며 데모를 한 경험도 있고 촛불집회와 태극기집회에서 갖가지 형태의 데모를 보았다. 별난 조형물이 있는가 하면 놀이 나온듯한 시민들의 편안한 모습도 보았다. 노래가 있고 풍자가 있고 가두시위도 뒤따른다. 민주시민들의 올바른 판단에 의한 데모는 얼마나 귀한 행위이랴! 그러나 이 귀한 가치를 가진 데모가 자신과 의견이 다른 이를 질시하거나 증오하면 문제는 달라진다. 거짓과 외설이 있고 폭력이 뒤따른다. 사회 혼란의 빌미를 제공한다. 동의를 바라는 데모가 오히려 반대의 힘을 키우는 결과를 가져오기도 한다. 격렬한 데모에서 종종 나타나는 광경이 화형식이다. 그 대상은 개인은 물론 한 나라의 상징인 국기가 되기도 한다. 이것은 상대에 대한 최대의 증오 표시다. 오죽했으면 상대를 불태워 없애려 했을까?

　나는 1991년 12월 고향인 경상북도 영일군 청하면에서 일어났던 방사성폐기물처분장(방폐장) 유치 반대 데모대에 의해 화형을 당했다. 동해안 간선도로는 면민들로 이뤄진 데모대에 점령되었고 데모 현장은 나를 위한 화형식장이었다. 그것도 두 번씩이나….

　그 즈음 우리나라는 개국 후 처음으로 원자력발전으로 전기를 얻고 있었다. 발전소에서는 폐기물이라고 부르는 온갖 쓰레기가 나온다. 그중에서도 중저준위방사성폐기물이라는 것도 있다. 그것은 발전소에서 나오는 종업원들의 옷가지 장갑 휴지 필터 등 잡쓰레기다. 이것이 계속 쌓여만 가니 처리가 골칫거리였다. 1978년에 가동을 시작한 고리원자력발전소에서 나오는 이 방사성폐기물을 더 이상 발전소 부지 내에 보관할 장소가 없었기 때문이었다. 다른 곳에 옮겨 보관해야 할 일이 발등에 떨어진 불이었다.

이 시기는 또한 군사정권이 집권하고 있어 정치적으로도 그리 안정된 시기가 아니었다. 데모의 꼬투리만 생기면 밤낮없이 데모가 일어나던 불안한 때였다. 정부의 불신은 정책의 불신으로 이어졌다. 방폐장을 찾으려는 정부의 노력은 실패를 거듭했다. 환경단체들이 방폐장 후보지 선정에 앞장서 반대에 나섰다. 그들은 '방폐장이 들어서는 곳은 모든 생물이 살지 못하는 죽음의 땅이 된다. 사람들은 암에 걸려 일찍 죽는다'며 방폐장으로 거론되는 곳을 찾아가 데모를 하며 주민들의 방폐장 유치 반대 시위를 부추겼다. 그들은 반정부 활동의 하나로 방폐장 부지선정을 훼방하고 있었다. 환경운동이 아니라 사실은 환경을 빙자한 정치 운동이었다. 야당 의원들은 물론 여당 의원들 마저 선거를 고려해서 '우리 고장에는 방폐장을 절대로 유치하지 않겠다'며 주민들의 방폐장 유치 반대 데모에 동조하고 있었다. 이처럼 사회 분위기는 반원전 일색이었고 원자력발전소에서는 계속 방사성폐기물이 쌓여만 가고 있었다. 넘쳐나는 쓰레기로 몸살을 앓고 있는 가정집을 생각해 보라. 그래도 속수무책이니 원자력발전소 관계자들은 물론 관계 부처는 얼마나 답답했을까?

국민된 심정의 나의 답답함도 마찬가지였다. 첫째 나는 내가 공부한 분야 즉 원자력에 대한 국민들의 이해 부족이 너무나 안타까웠다. 적어도 중저준위방사성폐기물은 어느 정도 시간만 지나면 괜찮은데도 말이다. 이 지구도 초기에는 방사성물질 덩어리였다. 지금도 지구에 있는 많은 방사성물질들이 방사선을 내면서 안전한 물질로 돼 가고 있다. 납은 우라늄의 최종산물이다. 우라늄이 수십억 년 동안 방사선을 내면서 붕괴를 거듭하여 라돈을 거쳐 납이 된 것이다. 잘 관리된 중저준위방사성폐기물은 30년이 지나면 크게 걱정하지 않아도 된다.

둘째는 국가가 가장 시급하게 하지 않으면 안 될 방사성폐기물 처분 정책이 이렇게 홀대받다니…. 그 쓰레기는 우리가 매일 유용하게 사용하고 있는 전기에서 나온 것이 아닌가. 갈 곳 없어 계속 표류하는 국가 정책에 울분과 연민의 정 같은 느낌을 가지기도 했다.

나는 내 고향에 방폐장을 유치할 생각을 굳혔다. 이곳에 방폐장을 건설하는 것은 지금 절박한 방사성폐기물을 처리해야 하는 나라의 걱정도 덜고 또 다른 한편으로는 이때 지원되는 막대한 지역 지원금이 가난한 고향을 부자동네로 만들 수 있다고 생각했기 때문이다. 나라와 고향을 생각할 때 이보다 더 좋은 기회가 없을 것으로 판단했다.

또한 지리적으로도 내 고향은 방폐장으로 사용하기 좋은 조건을 갖추고 있다. 방사성폐기물을 발생시키는 대부분의 원자력발전소가 동해안에 있다. 그래서 거기서 나오는 폐기물을 배로 실어오기에 안성맞춤인 곳이다. 영광원자력발전소를 제외하고 나머지 모든 원자력발전소가 동해안에서 운영 계획되고 있다. 또 방폐장에 무슨 사고라도 나면 이 동해안 지역은 편서풍의 영향을 받는 지역이라 그 영향을 최소화할 수 있는 지리적인 이점도 있다. 우리나라를 비롯하여 일본이나 중국에서 건설 운영되는 대부분의 원자력발전소가 편서풍의 영향으로 인한 피해를 최소화할 수 있는 지역에 있는 것은 나름대로 충분한 이유가 있다.

쓰레기가 없는 곳은 없다. 인간이 사는 곳에는 어디든지 쓰레기가 나온다. 열역학 제2법칙이다. 인간의 삶은 절대적으로 에너지를 필요로 한다, 그러나 지구란 한정된 곳에는 에너지 자원이 한계가 있을 수밖에 없다. 물론 과학기술이 이 한계를 넘으려는 연구를 계속하고 있긴 하지만…. 이 에너지를 계속 사용하다 보면 에너지는 고갈되고 그 결과물로 남는 것이 쓰레기다. 결국 지구는 쓰레기로 오염된다는 불안한 미래 예측이다.

원자력발전소에서는 두 가지 종류의 쓰레기(폐기물)가 나온다. 하나는 핵연료로 사용하고 남은 사용후핵연료이고 다른 하나는 원자력발전소에서 근무하던 사람들이 입던 옷가지나 신발, 휴지 및 여러 가지 기계의 필터 등 중저준위방사성폐기물이다. 이 두 종류의 폐기물들은 그 성질이 하늘과 땅만큼 차이가 크다. 국내에서 찾으려는 방폐장은 바로 이 중저준위방사성폐기물을 처분하기 위한 것이다.

사용후핵연료는 방사선을 내는 덩어리다. 여러 가지의 아주 강한 방사선을 계속 내뿜기 때문에 대단히 위험한 물질이다. 원자력의 위험은 바로 이 방사선에서 비롯된다. 방사선 관리는 모든 원자력산업의 핵심적인 과제다. 그러나 아직까지 온 세계는 사용후핵연료를 완벽하게 처리할 방법을 갖고 있지 못하다. 일부는 다시 핵연료를 만들거나, 핵무기의 원료로 사용하지만 거기서도 결국 또 사용후핵연료가 나온다. 사용후핵연료에서 방사선을 나오지 않게 하려는 연구는 원자력을 연구하는 사람들의 가장 중요하고도 급한 과제가 되고 있다.

현재 논의되고 있는 사용후핵연료의 영구처리 방법은 방사선이 못 나오게 유리로 고화(固化) 처리한 한 다음 땅속에서 흐르는 물길을 피해 화강암 속에 깊이 묻는 방법이다. 현실적인 방법이지만, 이 방법도 결국 이 세대가 사용한 쓰레기를 지구 오염물질로 후세에 남긴다는 윤리적인 문제를 안고 있다. 또 언젠가 지각변동으로 이 폐기물이 융기하여 생활주변에 노출되어 방사선을 뿜을지 모른다는 염려도 있다.

현재 우리나라는 사용후핵연료를 각 발전소에 있는 대형 물탱크에 저장 보관하여 방사선의 누출을 막거나 견고한 통 속에 넣어 임시로 보관하고 있다. 영구히 처분할 수 있는 방법이 모색될 때까지….

이에 반해 중저준위방사성폐기물은 부피를 최소화하여 땅에 묻는 방법을 사용하고 있다. 이들 물질에는 미량의 방사성 물질이 묻어 있을 수 있다. 묻어있어도 그것에서 나오는 방사선은 아주 약하다. 세계에서 운영되고 있는 방사성폐기물처분장은 바로 이 중저준위방사성폐기물을 처분하기 위한 것이다.

누구에게나 고향은 아름다운 추억을 갖게 한다. 자연환경이 좋은 곳일수록 그 향수는 짙다. 나도 예외일 수 없다. 봄이면 야트막한 뒷산에 올라가 진달래 꺾고, 앞 냇가에서 가재 잡으며, 풀피리 불던 아름다운 시골이다. 태백준령이 뻗어 내려오다 멈춘 높이 710미터의 내연산 밑자락, 관동 8경의 하나인 천년고찰 보경사가 있다. 12개의 폭포가 장관을 이룬 곳, 한 곳으로만 따지면 금강산에서도 볼 수 없이 아름답다는 제3 폭포 언저리에 겸재 정선이 그렸다는 겸재 소나무가 있다. 겸재는 영조 때 실제하는 산수화를 즐겨 그린 화가다. 조정의 여러 대감들이 자기의 인물화를 그려 달라는 부탁을 피해 영조께 간청하여 이곳 청하를 찾아 현감을 지내며 산수화를 즐겨 그린 사람이다. 그만큼 내 고향은 풍광이 아름다운 곳이다. 청하(淸河)란 이름이 말하듯….

태백산맥을 등지고 바라보는 동해는 또 얼마나 모든 이의 가슴을 후련하게 하는가. 아버지의 고향인 청하를 처음 찾은 일본인 가수 아라이 에이치(新井英一, 박영일)는 자신이 작사 작곡 노래한 '청하의 길'에서 영일만의 넓고 푸른 파다를 노래했다. 고개 넘고 넘어가는 시골길, 아버지가 걷던 그 길을 걸으면서 아버지를 추억한 아름다운 고향 방문길… 기타를 치면서 흥얼거리는 '아리랑 아리랑 아라리요….' 타령조의 고향을 그리는 노래는 가난한 고향을 떠났던 아버지를 추억하고 또한 자신의 삶을 엮은 한스러운 노래이기도 하다. 그가 찾은 아버지의 태어난 집이 바로 우리 마을의 박○○이었기에 나의 감회는 유별났다.

영일만에 면한 청하의 월포 해수욕장과 이웃한 칠포 해수욕장의 고운 모래, 동해안 고속도로와 나란히 달리는 동해선 기차가 최근 기적을 울리면서 고향은 시골티를 벗고 있다. 그 바닷가 한 언저리에 방폐장으로 좋은 곳이라고 생각했던 용산이 있다. 바다에 면한 용산의 봉우리는 용의 머리를 닮아 용산으로 이름 지어져 청하면의 수호신으로 여길 정도다.

경북에서도 이름난 기청산식물원에 이어진 광송정 소나무 숲속에 자리한 청하중학교는 특급 농어촌 학교로 도회지 학생이 유학 올 정도였다. 난 이 학교의 3회 졸업생으로 흙벽돌을 찍어 학교 건물을 지었다. 그리고 언젠가 전교생을 모아 놓고 원자력에 대한 강연을 한 적이 있다. 먼 훗날 바로 그 원자력 때문에 고향 사람들 손에 의해 화형을 당할 운명도 모르면서….

나는 시간이 있을 때마다 고향을 찾아가 친구들을 만나 "방폐장을 유치해 가난한 고장을 부자 동네로 만들고 어려운 정부의 고민도 해결하자"라고 말했다. 가끔 정부의 담당 부서였던 과학기술부의 담당관도 동행하곤 했다. 동창들은 하나같이 함께 일할 것을 다짐했다. 특히 방폐장 대상지로 손꼽았던 용두산 밑에 살던 이가리 용두리 친구들을 생각하면 생각할수록 고맙다.

어디 세상일이 모두 수월히 되는 일이 있을까. 아무리 정부의 정책을 살리고 고향을 부자마을로 만들려는 좋은 생각에서 비롯된 노력도 이느새 물거품이 돼가고 있었다. 면 소재지의 금융조합 사무실에 '방사성폐기물 유치 반대 투쟁본부'가 생기고 이젠 거의 매일 방폐장 유치를 반대하는 데모가 이어지고 있다고 친구가 알려왔다. 유치운동의 주동자로 내 이름이 거론되고 있다는 것이다. 나와 뜻을 같이하겠다는 친구들도 고향 분위기에 휩싸이면서 하나 둘 나한테서 멀어지고 있었다.

방사성폐기물이 무엇인지도 잘 이해하지 못하는 지역주민들에게 서울서 내려와 반대를 부추기는 특정 환경단체들의 말은 씨가 먹혔다. '이곳에 방폐장이 들어서면 모든 생명은 씨가 마른다. 먹거리는 사라지고 사람들은 암에 걸려 오래 살지 못한다. 그래도 방폐장을 유치하겠는가'며 반핵단체들은 주민들의 데모를 선동했다. 조용하고 깨끗한 마을이 그렇게 폐허가 된다는데 어느 뉘가 집에만 가만히 앉아 보고만 있을 수 있겠는가. 데모에 나오지 않은 집에는 품을 산 대가 3만 원이 부과되니…. 정한 날에 데모에 참석하는 일은 누구도 피할 수 없는 마을의 불문율이 되고 있었다.

모임에 참석하지 않은 내 친구의 담벼락엔 '빨갱이 집'이란 페인트 글의 낙서가 쓰였다. 마을 사람들의 수군거리는 소리를 들으며 마을에서 따돌림을 받을 때가 죽고 싶도록 듣기 힘들었다고 말하던 친구. 이제 아름다운 추억으로 돌리고 있다. 나의 누님은 2년간이나 농사를 짓지 못하는 어려움도 겪었다.

운명의 날, 겨울바람도 심했던 1991년 12월 28일 동해안 고속도로를 달리던 모든 차들이 멈춰 서고 길을 메운 데모대들의 물결이 출렁이고 있었다. 그 데모 군중 가운데에 높이 솟아 있는 사람 모양의 큼직한 짚단. 그 짚단엔 검은 붓글씨로 크게 쓰인 '이용수'란 이름이 붙어 있었다. 이용수의 형상이다. 물론 그전에도 몇 차례 데모가 있었으나 이날의 데모가 가장 컸고 격렬했다. '고향을 팔아먹은 놈을 죽이자'는 구호가 이어졌고, 가상의 이용수는 불길 속에서 사라졌다. 데모의 현장은 '화형식장'이었다고 현장을 지켜봤던 친구가 사진과 함께 소식을 전해 주었다. 저녁이면 고향 후배라는 사람들로부터 전화가 왔다.
'형, 앞으로는 고향을 팔아먹을 그런 짓거리는 하지 마시오' 반은 협박이고 반은 애걸이다. 나는 그들이 어떤 사람들인지 들어서 알고 있었다. 고향에서 그렇게 신임을 받는 사람들이 아니라는 것, 또한 기득권을 가진 사람들이란 것…. 화형을 당한 사람은 오래 산다는데, 나도 그럴까?

이용수 그는 누구인가? 그때 그는 동아일보 과학부장이었고, 원자력 박사학위를 가지고 있어 나름대로 사회의식이나 원자려 문제에 대해 어느 정도 알고 있다고 생각하고 있었나. 가난 탓에 초등학교 담임선생님의 도움으로 갓 생긴 청하중학교를 졸업하고 부산으로 무단가출했다. 낮에는 가위 공장에서 열심히 일하고 밤에는 남폿불 아래서 공부하는 학생이었다. 쇠를 깎던 공장의 그라인더가 깨어지는 엄청난 사고로 겨우 목숨을 건진 다음에 택한 직업이 동아일보 신문 배달원, 서면 로터리가 그의 신문배달 구역이었다. 배달 후 신문을 읽을 때마다 그는 세상에서 신문기자보다 더 좋은 직업이 없다고 생각했다. 세계의 온갖 지식들을 두루 알고 부정의 고발, 아름다운 글… 그래서 그는 서울대학교를 졸업하고 그가 그토록 되기를 바랐던 바로 그 동아일보 신문기자가 되었다. 당시 누구나 선망한 직업이었다.

원자력 문제로 시끄러운 사회문제를 외면할 수 없는 기자란 직업, 그는 '원자력은 정말 위험한 것인가'에 대해 깊은 의문을 가졌다. 원자력을 더 공부했다. 원자력발전 종사자들을 찾아다니며 자료를 모아 '원자력발전소 종사자의 방사선 피폭에 의

한 위해도 평가'란 제목으로 서울대학교에서 박사학위를 받았다. 기자로서 원자력 전문가가 되었다. 국민들이 원자력을 이해하는데 도움을 주려고 1년간 동아일보에 원자력 고정 칼럼을 썼다. 원자력에 관련된 토론장에는 약방의 감초같이 끼었다. 이론적으로, 현실적으로 원자력을 이해하는 사람들이 많지 않던 시대였다. 원자력은 어쩔 수 없는 우리의 선택임을 역설하면서도 그는 원자력의 위험성에 대해서는 누구보다 신랄한 비판을 아끼지 않았다. 완벽한 운전 관리가 원자력 안전의 제일 조건임은 두말할 필요 없다.

그는 이런 사람이다. 가난이 싫어 고향을 떠났던 사람, 고향을 부자마을로 만들고 싶었던 사람, 우리나라 1세대 과학기자 원자력전문가로 해외 방폐장을 잘 아는 사람, 적어도 중저준위방사성폐기물은 관리만 잘하면 걱정하지 않아도 된다는 것을 알고 있는 사람, 방폐장을 고향에 유치하자고 주장하다 화형식을 당한 사람.

당시 정부는 방폐장을 유치하는 지역에 수백억 원의 지역지원금을 약속하고 있었다. 이 돈은 이미 한국전력이 원자력발전소에서 나오는 이익금을 적립해 둔 것이다. 정부의 정책에 여러 번 속은 국민들이기에 이번의 약속도 거짓 약속으로 생각한 사람이 많을 때였다. 그러나 이번 정부의 약속은 결코 공수표는 아니었다. 당시 이 정도의 지원금이면 유치 지역민들이 평생 놀고먹어도 된다는 말이 돌 정도의 규모가 큰 지원금이었다.

그는 청하의 해변 영일만 한쪽에 우뚝 선 용산 밑에 방폐장을 만들고, 그 위에는 동해안에서 가장 아름다운 골프장을 만들 심산이었다. 동해안에 골프장이 없었다. 그리고 그 용산 양옆에 있는 월포 해수욕장과 칠포 해수욕장을 잘 꾸며 동해안에서 아름다운 휴양시설을 갖출 꿈을 꾸고 있었다. 관동 8경의 하나인 보경사도 가깝고 내연산을 돌아오는 등산 둘레길에다 동해의 푸른 물결을 즐길 수 있는 더 이상 좋을 수 없는 휴양지가 될 것이라고 생각했다. 동해안의 관광 휴양지로 탈바꿈될 고향은 그렇게 그의 머릿속에 그려져 있었다.

1978년 4월에 고리원자력발전소가 국내에서 처음으로 가동에 들어간 후 방사성쓰레기들은 계속 쌓여만 갔다. 이를 처리할 부지를 선정하기 위한 노력은 1986년부터 시작되었다. 그러나 무려 9차례에 걸친 정부의 방폐장후보지의 계획 발표와 수정, 철회는 19년 동안이나 거듭됐다. 그동안 거론됐던 곳은 경북 영덕과 영일 충남 안면도 부안 및 인천시의 굴업도 등이었다. 어느 곳에서나 주민들의 반대 시위 때문에 정부의 계획은 언제나 백지화로 결론지어졌다. 이렇게 긴 시간 동안 정부의 계획이 물거품이 된 적이 있던가. 이것이 정부였던가. 군사 정부도 어쩔 수 없었던 난제 중의 난제였다.

　그 원인은 무엇이었을까. 그것은 주민을 얕잡아 본 정부의 밀어붙이기식 정책에 대한 주민의 반발이었다. 또한 부지 선정 과정에 있어서 불투명함과 관련 기관들 사이의 배타적인 협조 부족, 일관성 없는 정책, 원자력에 대한 주민의 이해 부족 등이었다. 따라서 종전의 방법에서 벗어난 새로운 방법의 모색이 절실했다. 즉 주민의 의견을 모아 결정하는 새로운 민주적인 방법이 필요했다. 그것은 막대한 지역 지원금을 준다는 현실적인 조건으로 주민들이 마음을 얻는다는 것이었다. 주민 투표를 통한 방폐장의 새로운 유치 전략은 어쩌면 자본주의 사회의 무기인지도 모른다. 이와 함께 중저준위방사성폐기물의 안전성에 대한 철저한 홍보도 중요한 전략으로 등장했다.

　이것이 막대한 유치지역 지원금을 내걸고 유치신청지역을 공모한 것이다. 유치 신청을 한 지역은 포항, 영덕, 경주, 군산 등 4곳이었다. 투표일은 2005년 11월 3일이었고, 투표 결과 경주가 주민의 89.5%를 얻어 유치지역으로 확정됐다. 유치지역에는 법에 정한 첨단사업인 양성자기반공학기술개발사업도 함께하고 골칫거리인 사용후핵연료의 중간저장시설도 분리해서 처리하기로 했다. 지역 지원금은 3천여억 원의 현찰과 55개의 지역 숙원사업에 3조 2천억 원이었다. 국·공유재산의 대부, 국고보조금의 인상 지원, 지역 사업체와의 의무공동도급계약, 지역 주민 우선고용 등 다양한 특례규정도 적용되고 있다. 이 외에 관리지역 내에서의 토지, 건물, 광업 및 어업권 등이 침해될 경우 이를 적정 기준에 따라 보상하고 이주민에 대해서는 이주대책을 마련하도록 했다.

이제 경주는 탈바꿈해 가고 있다. 신라 천년 사직의 고도로서의 멋과 현대의 과학기술이 융합된 경주야말로 새로운 살맛나는 도시가 될 것임은 분명하다. 뒤늦게 방폐장 건설의 필요함과 유익함을 알고 유치에 뛰어든 내 고향은 낮은 지지율로 경주 주민들에 밀려날 수밖에 없었다. 함께 고향을 부자 마을로 만들자고 노력했던 친구들의 허탈했던 마음을 어떻게 어루만져 주랴. 비록 한때 고향에서 미운 오리 새끼로 대접받았던 친구들이 이제는 '신념에 따라 한 행동'이라며 옛일을 추억하고 있다. 얼마나 미안하고 고마운가.

원자력을 이해하기는 쉽지 않다. 그것은 물질의 본질을 추구하는 핵물리학에서 비롯되기 때문이다. 이 분야는 첨단학문인데다 일상생활에서 전혀 경험하지 못한 분야다. 모르는 것에 대한 호기심도 많지만 그에 대한 불안도 그만큼 크다. 원자력은 원자폭탄으로 처음 사용되어 우리 곁에 다가왔다. 그래서 원자력이라면 먼저 '무서움'이란 것으로 인식되었다. 그래서 모두에게 부정적인 이미지로 인식됐다. 원자력은 이해하기 힘들고 무서운 것이란 사회적인 성격을 형성했다.

한 번 각인된 생각은 쉽게 바뀌지 않는다. 원자력을 평화적으로 이용한 지 반세기를 넘기고 있는 오늘날에도 원자력은 여전히 이해하기 힘들고 친숙하기에는 아직도 먼 것으로 우리 곁에 머물러 있다. 일반 국민의 원자력 이해의 어려움은 자연스레 전문가들의 밀실행정으로 이어졌다. 그 비밀스러움은 깊이를 더해갔다.

우리나라는 손꼽히는 세계적인 원전기술 강국이면서도 국민감정은 여전히 호감도에서 큰 변화를 보이지 않고 있다. 한 번 무서움으로 인식된 영향 때문이다. 여전히 원자력의 선택은 우리의 딜레마다. 이용하지 않으려니 부족한 전기를 얻을 수 있는 방법이 거의 없고 이용하자니 국민들이 그리 달갑지 않게 보는 시각이 여전하기 때문이다.

이제 우리는 원자력 강국이다. 원자력 발전 기술은 날로 발전하여 지금은 수동형 원자로란 이름으로 문제가 생기면 저절로 운전이 정지된다. 우리가 개발한 '스마트'라는 이름의 원자로다. 자랑할 만한 일이지만 이를 아는 국민이 얼마나 될까.

청계천에 조국 근대화의 공적비를!

장인순

2009년 12월 27일 저녁, 아랍에미리트(UAE)에서 날아온 '4백억 달러 UAE 원전수출 계약' 뉴스는 대한민국이 원자력기술 독립국으로 태어난 것을 전 세계에 공표한 것이라 할 수 있다.

30년 전 아무것도 없는 상황에서 원자력 기술자립이라는 사명감과 열정 하나만으로 연구개발을 시작했을 때, 선진국의 자료를 하나라도 더 얻기 위해서 체면도 자존심도 모두 버리고 기술 식민지의 과학인으로 기술 구걸을 했던 것이 엊그제 같다. 그런데 이제는 떳떳한 원자력기술 독립국으로 세계 원자력계에 지각변동을 예고하며 새로운 역사와 신화를 창조한 것이다.

요르단에 연구용 원자로를 수출한 데 이어 이번에 아랍에미리트에 원전을 수출하면서 대한민국은 미국, 소련, 프랑스, 캐나다에 이어 다섯 번째로 원전 수출국이 된 것이다. 얼마나 자랑스러운가! 이 모든 것은 대형 원자력연구개발 프로젝트를 아낌없이 지원해준 전두환 대통령과 이정오, 김성진 과기처 장관, 박정기 한국전력 사장 그리고 원자력 기술자립에 목숨을 걸다시피 했던 한국원자력연구소 소장 한필순 박사가 있었기에 가능했던 일이다.

5천 년의 긴 역사를 자랑하는 조용한 아침의 나라(land of morning calm) 대한민국! 그러나 우리는 아름다운 산하를 가졌지만, 아쉽게도 에너지를 포함한 천연자원의 축복은 받지 못했다. 뿐만 아니라 20세기 들어 세계사를 선도하는 과학문명에 동승하지 못하면서 외세의 침략과 조국분단 그리고 민족상잔이라는 질곡의 역사를 겪으며 세계에서 유일하게 허리가 잘린 나라가 되었다.

다행히도 전쟁 후에 자유민주주의 체제와 시장경제를 도입한 대한민국은 우리 민족 특유의 부지런함과 끈기를 바탕으로 창의성을 꽃피우고 수학과 과학적 잠재력을 발휘하여 20세기에 가장 눈부신 경제성장을 이룬 국가가 되었다. 이제 세계인들은 한국을 아침이 바쁜 나라(land of morning rush)라고 부른다.

얼마나 많은 국민이 '1948년 5월 14일'을 기억할까? 이날은 북한이 6·25 남침준비를 위해 남한에 예고도 없이 송전을 중단한 날이자 우리나라가 전기가 없는 암흑천지가 된 바로 그날이다. 북한이 단전하자 미국이 발전함인 일렉트라 함(6,900킬로와트급)을 인천항에, 자코나 함(2만 킬로와트급)을 부산항에 파견하여 선상에서 발전기를 돌려 전기를 공급했다. 그 당시 우리나라 전력사정이 그만큼 절박했음을 보여주는 것이자 현재 남한 내의 좌파가 주장하는 북침설이 설득력이 전혀 없다는 것을 증명하는 역사적 사실이다.

전쟁을 치르면서 남북한은 완전히 초토화되었다. 하지만 대한민국은 눈부신 경제성장과 원자력발전 강국으로 발전하면서 북한의 송전 중단일로부터 57년 후인 2005년 3월 16일에 우리가 북한의 개성공단에 전기를 공급하게 되었다. 단전을 당했던 우리가 거꾸로 북한에 송전을 하게 된 것은 또 하나의 역사의 아이러니라고 할 수 있다.

또한 우리는 '2006년 10월 9일'을 잊지 말아야 할 것이다. 평생 원자력인으로 살아온 나는 그날 잠을 이루지 못 할 정도로 큰 충격을 받았고 치미는 분노를 참을 수 없었다. '2006년 10

월 9일' 북한은 주변국들의 우려와 경고를 무시하고 끝내 핵실험을 강행했다. 그것은 대한민국은 물론 전 세계를 상대로 한 위협이었다. 북한은 그에 대한 대가를 반드시 치르게 될 것이며, 역사의 심판을 피할 수 없을 것이다.

1958년은 배고픔과 가난이 상식으로 통했던 국민소득 80달러 시절이었다. 그 당시 경무대에서 이승만 대통령과 미국 대통령 과학고문인 시슬러 박사의 역사적인 만남이 있었다. 이 대통령이 그에게 에너지 자립에 관한 의견을 묻자, 그는 늘 들고 다니는 에너지 박스에서 조그마한 금속 우라늄을 꺼내 보였다.
"이 속에 수십 트럭 분의 에너지가 들어 있습니다. 원자력을 하십시오."
이 대통령이 다시 물었다.
"우리는 기술도 인력도 예산도 아무것도 없는데 어떻게 원자력을 할 수 있겠습니까?"
"지금부터 시작하십시오."
"얼마나 걸리겠습니까?"
"20년쯤 걸릴 겁니다."

이 대화 이후 이듬해인 1959년에 원자력연구소를 설립하고 미국이 건설비의 반을 부담하여 연구용 원자로를 건설했다. 우리나라에서 최초로 기초 원자력 연구개발이 시작된 것이다. 이 대통령은 가난한 나라의 살림살이에도 불구하고 원자력 장학금을 만들어 2백여 명의 젊은이들을 해외로 유학을 보냈다. 아마도 이들이 우리나라 1세대 국비유학생들일 것이다. 하지만 유감스럽게도 많은 유학생들이 귀국을 하지 않아 실망도 컸다. 사실, 그 당시에는 귀국해봐야 연구요건이 좋지 않았기에 그 선택을 십분 이해한다.

그 후 박정희 대통령이 조국근대화에 가장 필요한 분야로 전기를 지목했다. 특히 우리나라는 에너지 자원이 없기에 원자력 발전의 중요성에 주목했다. 1970년에 미국 웨스팅하우스로부터 턴키방식으로 고리 1호기 원전건설을 발주했다.

우리나라 역사상 고리 1호기 건설만큼 모험적이고 위험요소가 많은 프로젝트는 없었을 것이다. 국민소득이 2백 달러에 불과한 나라에서, 돈도 인력도 전무한 상태에서 건설비만 정부 1년 예산의 1/4이 투입되는 엄청난 프로젝트였다. 여기에 성공 여부도 불확실한 원자력발전소 건설은 그야말로 무모한 도전일 수밖에 없었다. 지금은 1년치 정부예산으로 100기 이상의 원자력발전소를 건설할 수 있는 국력이다.

'돌다리도 두드려보고 건너라'는 옛 속담을 무시하고 도전한 박 대통령은 아마도 미래를 꿰뚫어 보는 지도자의 예지가 있었던 것 같다. 그 후 1978년 고리 1호기가 완공되면서 원자력발전 시대를 열게 되었다. 놀랍게도 1958년 이승만 대통령과 시슬러 박사가 만난 지 정확히 20년 후인 1978년에 고리 1호기 상업운전의 쾌거를 이루어냈다.

1978년 고리 1호기가 가동되면서 원자력 발전에 대한 관심이 높아졌다. 연구도 활기가 넘쳤다. 하지만 1979년 10·26 사건을 계기로 정치적 혼란에 빠지면서 원자력연구소는 설 땅을 잃었다. 그동안의 연구성과에 대한 비판과 함께 연구소를 없애라는 국내외의 압력이 거세게 일어났다. 그 결과 한국원자력연구소를 한국에너지연구소로 이름을 바꾸는 '치욕의 창씨개명'을 당하게 된다. 그것으로 논란은 일단락되었지만 이름을 뺏긴 비극은 일제하에서 우리 선조가 당한 창씨개명과 다를 바가 없었다. 창씨개명으로 원자력연구소 간판을 내릴 때 우리 연구원들의 심정이 어떠했을까? 그 당시 가슴 아파했던 기억이 지금도 생생하다.

이것이 바로 약소민족과 기술식민지 국민이 받아야 하는 수치와 굴욕이었다. 이러한 눈물과 질곡의 역사 위에서 시작된 것이 원자력기술 개발사업으로 맨 먼저 핵연료 국산화(중수로,

경수로) 사업, 연구용 원자로 개발사업 그리고 한국표준형원자로 개발사업이었다. 모든 연구개발사업은 열악한 상황에서도 일주일에 80시간 이상을 연구에 매달렸던 연구원들이 있었기에 가능했다.

  1989년 핵연료 국산화 사업이 성공함으로써 그 해부터 한국핵연료주식회사(지금의 한전원자력연료주식회사)가 본격적으로 국내에 핵연료를 전량 공급하게 되었다. 그 이듬해에는 정부에 건의해서 한국원자력연구소 이름을 되찾는 기쁨을 누리기도 했다.

  연구용 원자로 개발은 1995년 원자력연구소 내에 30메가와트 다목적 연구용 원자로를 성공적으로 건설, 운전하기 시작했고, 요르단에 연구용 원자로를 수출하는 쾌거를 이루었다. 한국표준형원자로 개발은 1995년에 95퍼센트 기술자립을 목표로 시작됐으며, 현재 운전 중인 21기의 원자로 중에서 7기가 한국표준형원자로로 건설되었다. 한국표준형원자로는 그 성능이 우수할 뿐만 아니라 이용률 또한 세계 최고이다.

  한국표준형원자로는 경제성 면에서도 탁월해서 원자로 1기를 건설할 때마다 6천 5백억 원의 외화를 절감하는 효과가 있다. 요즘 언론에서 보도되고 있는 '2% 부족한 부분'은 이미 개발이 끝나서 인증을 받고 있는 상태이다. 원전계측제어시스템

(MMIS), 원자로 냉각펌프(RCP, 개당 2백억 원), 원전설계용 안전코드가 그것인데, 한국원자력연구원, 두산중공업, 한국수력원자력 등이 공동으로 개발에 성공했다.

 4반세기의 세월 동안 연구개발에 참여했던 연구원들이 겪었던 수모와 고초, 에피소드 그리고 무용담 등을 모으면 아마도 수십 권의 책이 될 것이다. 그러나 우리를 가장 슬프게 하고 또한 분노케 했던 것은 고된 연구과정이 아니었다. 앞서 언급했듯이 연구소 이름을 바꾼 창씨개명이 그것이고, 북한의 핵실험에 침묵으로 일관해왔던 이 땅의 반핵단체들은 집요하게 원자력 기술자립을 반국가, 반민족 행위로 호도하면서 우리를 괴롭혔다. 그들이 던진 돌팔매와 폭력에 얼마나 많은 고통을 받았던가!
 우리가 받은 정신적·육체적 고통은 젖혀두고라도 잃어버린 시간과 돈을 계산하면 천문학적인 숫자가 될 것이다.
 부족한 연구비와 인력 그리고 연구 인프라 등 너무나 열악한 상황이었지만 정녕 우리를 가장 슬프고 괴롭게 한 것은 '엽전이 무슨 원자력 기술 자립이냐'고 하는 국내인의 부정적인 시각이었다. 한국표준형원전이 어디 있느냐고 얼마나 시비를 많이 했던가! 우리보다 훨씬 앞서 원전기술을 발전시킨 일본도 일본표준형원전이 없다는 것이 비난의 근거였다.

우리 국민은 아무것도 할 수 없다는, 스스로 우리 자신을 비하하는 '엽전'이라는 언어는 오히려 우리의 자존심을 자극했다. 연구원들의 오기와 열정에 불을 붙인 것이다. 이제는 그들에게 오히려 감사하고 싶다.

한참 한국표준형원전이 있느니 없느니 시끄러웠을 때 일이다. 통일원 통일정책자문회의 석상에서 어느 고명한 교수 한 분이 아주 언짢은 표정으로 내게 말을 걸었다.
"장 박사, 요즘 말썽 많은 한국표준형원전이 정말 있는거요?"

그러면서 주위 모든 사람에게 동의를 구하는 태도를 보고 몹시 화가 났다.
"서울 시내를 달리는 '그랜저'라는 현대차가 국산입니까, 외국산입니까?"

나는 그분에게 그렇게 되물었다. 그때서야 참석했던 자문위원들이 모두 이제야 무슨 뜻인지 알겠다고 하였다. 아무도 그 실체를 믿지 않는 한국표준형원전이 멸시와 고통스러운 긴 산고 끝에 태어났지만, 앞으로 끈질긴 생명력으로 한국을 이끌 성장동력으로 무럭무럭 자랄 것이다. 한국-UAE 정상회담이 생명력을 불어넣었기 때문이다.

그 당시 원자력 기술자립 자체를 부정하고 투서하고 방해했던 사람들이 무슨 영문인지 이제는 자기들이 했다고 하면서 모든 영광을 누리는 것을 보면서, 음지에서 밤낮 연구실을 지켰던 연구원들에게 일말의 연민을 느끼지 않을 수 없다.

밤을 낮 삼아 연구에 몰두했던 연구원들의 공로와 함께 청계천 상인들에게도 감사하다. 1970~1980년대 이 땅에서 연구개발을 했던 사람들과 기업인들은 청계천 신세를 지지 않은 사람이 없을 것이다. 그 당시 부품공급이 원활치 않아서 연구개발에 필요한 중요한 부품을 구하기 위해 청계천 상가를 구석구석 뒤져야만 했던 기억들…. 놀라운 것은 청계천 상가에는 우리가 찾는 국적불명의 부품들이 모두 있었다는 사실이다. 청계천 상가가 그 당시 열악했던 부품시장에 가장 중요한 공급처로서, 조국근대화에 큰 기여를 했으니 공적비 하나쯤 세워주면 어떨까!

1996년 원자력연구소에서 개발한 기술과 인력을 산업체로 이관하는 문제를 놓고 참으로 어려운 시간을 보냈다. 개발에 참여했던 연구원들은 연구소에 남기를 원했지만, 인력은 그대로 두고 기술만 이전하는 것은 실용성의 문제가 생기기 때문에 할 수 없이 연구개발에 참여했던 650명의 연구원들이 원자력연구원에 원자력기금을 만들어 연구개발비를 주는 조건으로 연구소를 떠날 수밖에 없었다. 한때 원자력연구소는 공중분해됐다.

한국 표준형 원자로 개발팀은 한국전력기술㈜로, 핵연료개발팀은 한전원전연료㈜로, 나는 방사성폐기물연구팀과 함께 한국전력㈜으로 옮겨감으로써, 한때 원자력연구소㈜가 큰 어려움을 겪게 되었다. 돌이켜 보면 그 우수한 연구원들이 한 곳에서 함께 유기적인 협력체계를 갖춰 연구를 계속했으면 훨씬 많은 연구성과를 낼 수 있었을 것이라는 아쉬운 생각이 든다.

안타깝게도 가장 중요한 우라늄 농축기술은 지금도 해외에 의존하고 있다. 나같이 평생 핵물질을 만지고 산 사람에게 꿈이 있다면 우리가 우라늄 농축기술을 확보하는 것이다. 진정한 원자력발전 선진국으로 가기 위해서는 핵연료주기에서 가장 중요한 농축과 재처리기술을 확보해야 하기 때문이다(2004년 당시 IAEA에 보고했던 우라늄 농축실험 결과 1차 실험에서 11퍼센트, 3차 실험에서 77퍼센트 농축에 성공했다). 2000년 원자력연구소 소장 시절, 호기심과 순수한 학문적 동기 그리고 평화적 목적으로 고난도 기술인 레이저 우라늄 농축실험에 성공한 적이 있다. 이 실험이 왜곡되게 알려져 국내외에서 큰 논란거리가 되었는데, 거의 1년 동안 국내외 언론과 씨름을 했던 기억이 지금도 생생하다.

그 논란을 지켜보면서 '1991년 한반도 비핵화 선언'으로 평화적인 목적의 연구활동마저 묶여버린 현실이 안타까웠다. 나는 그 실험을 하도록 허락한 사람으로서 책임을 통감하고 있지만, 이 자리를 빌려 국민들께 어려운 결정을 해야 하는 기관장의 고뇌, 과학자들의 호기심과 도전정신을 이해해 달라고 부탁하고 싶다. 우라늄 농축시설까지는 아니더라도, 적어도 우라늄 농축기술만이라도 갖고 싶은 것은 평생 핵물질과 함께 살아온 핵연료 전문가에게 너무나 당연한 꿈이 아닐까? 그때 온 국민이 우리에게 보내준 성원과 격려가 큰 힘이 되었기에 깊이 고마움을 표한다.

1965년에 개발된 핵무기 제조기술은 더 이상 하이테크(high tech)가 아니다. 핵무기 제조기술은 상용 원자력발전소보다 훨씬 쉬운 기술이라 할 수 있다. 핵무기는 마치 폭탄처럼 한꺼번에 터뜨리는 것인 반면, 원자력발전소는 엄청난 에너지에서 꼭 필요한 양만을 안전하게 꺼내는 것으로 이해하면 된다.

1940년대에 미국이 맨해튼 프로젝트를 통해서 컴퓨터도 반도체도 없었던 때에 불과 3년 만에 우라늄(U-히로시마에 투하된 종류)과 플루토늄(Pu-나가사키에 투하된 종류) 핵무기를 개발

했지만, 이제는 고농축 우라늄과 플루토늄만 확보하면 누구나 쉽게 핵무기를 만들 수 있다. 그런 의미에서 IAEA 사찰에서 가장 중요한 내용은 핵물질의 양과 용도, 이동경로를 정기적으로 추적하는 것이다.

 한국정부와 미국정부에 바라는 것이 있다면, 전 세계가 기후 변화와 화석에너지 고갈시대에 대비하여 녹색성장을 이루기 위한 가장 중요한 수단(tool)인 원자력은 선택이 아닌 절체절명의 필수조건이라는 공동의 인식으로 한미원자력협정을 한 단계 격상시켜 상호 신뢰 하에 전 핵연료주기를 연구하는 것이 바람직하다는 점이다.

 원자력발전소 수출은 에너지 수출국이라는 중요한 의미를 갖는다. 에너지 자원빈국인 한국이 원자력으로 국가안보의 가장 중요한 축인 에너지 안보를 굳건히 하고, 동시에 에너지 수입국에서 당당히 에너지 수출국이 된 것이다. 왜냐하면 원자력은 자원의존형이 아닌 인간의 두뇌가 만든 하이테크 에너지로써 원자력발전소를 '마르지 않는 유전'이라 부르는 것도 그 때문이다.

 원자력은 화석에너지보다 에너지 밀도가 백만 배나 큰 에너지로 최소한의 천연자원을 이용해서 최소량의 폐기물만을 발생시키며, 대량의 에너지를 생산하는 두뇌집약적인 초고밀도의 청정에너지이다. 원자력은 핵연료주기 기술을 포함한 원자력 기술 자립을 백 퍼센트 달성하면 연료비가 전체비용의 2~3퍼센트 이하여서 해외의존도를 최소화할 수 있는 에너지원이다.

반면 화석에너지는 아무리 기술이 발달하여도 수입에 의존하기 때문에 연료비가 90%이상으로 우리가 할 수 있는 것은 겨우 10% 미만이다.

무엇보다 중요한 것은 원자력은 종합과학으로 국가의 브랜드 가치를 높일 수 있는 가장 중요한 과학이라는 점이다. 세계의 선진국들이 하나같이 원자력을 고집하는 이유가 바로 여기에 있다. 원자력 산업에 관련된 최첨단 설비, 건설, 철강, 기계, 재료, 컴퓨터, 소프트웨어 등 국내의 모든 산업을 활성화시키고, 국제사회에서 국가의 위상을 높이는 데 한몫을 할 수 있기 때문이다.

일본 후쿠시마 원전사고를 보면서 원자력인으로서 가슴 아픈 통증을 느끼면서, 한편으로 대한민국은 그야말로 억세게 운이 좋은 나라라는 생각이 들었다. 그리고 이 땅의 원자력인들이 그동안 최선을 다한 노력이 헛되지 않았고, 앞으로 세계 원자력 업계를 주도할 것이라는 확신도 들었다. 왜냐하면 우리는 가장 안전한 가압경수로(PWR)만 가지고 있기 때문이다.

최악의 원전사고는 1979년 미국 스리마일 섬 원전사고와 1986년 소련의 체르노빌 원전사고이다. 놀랍게도 가압경수로인 스리마일 섬 사고는 원자로가 완전히 녹아버린 최악의 사고였지만, 감속재로 물을 사용하고 원자로를 보호하는 대형 돔 모양의 격납고 때문에 인명피해가 단 한 사람도 없었다. 그에 비해 체르노빌 원전은 감속재로 가연성 흑연을 사용하고 불행히도 격납고가 없어 화재와 함께 원자로 건물이 통째로 날아가 버린 대형사고로 이어지고 말았다. 그래서 체르노빌형의 흑연감속로는 거의 폐쇄되었고, 그 후로는 더 이상 건설되지 않았다.

일본은 가압경수로와 비등경수로(BWR)를 보유하고 있는데, 이번에 사고가 일어난 원자로는 모두 비등경수로이다. 비등경수로는 가압경수로 보다 안전성 면에서 문제가 많다. 그 이유는 가압경수로는 원자로와 증기발생기가 분리되어 있어 핵연료 손상 시에도 원자로 내의 방사성물질이 증기발생기 쪽으로 이동할 수 없으며, 가압기와 증기발생기 때문에 원전 안전에 가장 중요한 돔 모양의 격납고가 비등경수로 보다 5배나 크다. 또한 원자로를 제어하는 제어봉이 원자로 위에 있어 비상전원이 차단되어도 조작이 가능하며, 가압기가 있어 상당 기간 냉각수 공급이 가능하다.

일본의 비등경수로는 화력발전소와 같은 개념으로, 원자로에서 고압의 증기가 바로 터빈으로 가는 방식이다. 가압기와 증기발생기가 따로 없어 격납고가 아주 작으며 또한 격납고가 고압에 취약한 박스 모양으로 건설되어 있다. 또한 원자로 제어봉이 원자로 아래에 있어 비상전원이 차단되면 조작이 불가능하다. 이번 후쿠시마 원전사고에서 나타난 잦은 수소폭발도 큰 문제인데, 우리나라의 모든 원전은 수소가 발생하면 실시간으로 수소를 제거하는 수소폭발 방지설비를 갖추고 있다. 만일 일본 원전의 격납고가 박스 모양이 아닌 돔 형태였고, 크기가 가압경수로처럼 컸다면 사고를 최소화할 수 있었을 것이다.

아마도 앞으로는 비등경수로 건설은 힘들 것이다. 대한민국이 억세게 운이 좋다는 이유는 우리는 가장 안전한 노형인 가압경수로만을 개발하고 건설하고 있다는 사실 때문이다. 특히 원자로를 유지 보수하는 데 유리하고 운전능력이 탁월하여 세계 평균 원자로 이용률보다 20퍼센트나 높은 95퍼센트에 달한다.

철학자 러셀의 말을 굳이 빌리지 않더라도, 원자력 기술은 가난과 배고픔이 상식으로 통했던 반세기 전 우리에게는 꿈도 꿀 수 없는 머나먼 미지의 이야기일 뿐이었다. 빈곤과 가난의 땅에서 남의 도움으로 간신히 태어난 고리 1호기는 선천적으로 수학과 과학의 재능을 가진 한국인의 저력과 이 땅의 원자력인들의 따뜻한 보살핌에 힘입어 건강하게 자라났다. 고리 1호기는 원자력발전소의 맏형으로서 가난의 굴레를 벗고 산업사회로 가는 밑거름 역할을 톡톡히 하고, 세계 10위 경제대국으로 발돋움하는 데 중요한 역할을 했을 뿐만 아니라, 원자력 발전 강국의 기틀을 마련하는 토대가 되었다.

고리 1호기의 가동 초기에는 원자력 전문가가 전혀 없어서 불시정지 등 잦은 고장과 여러 가지 어려움이 많았지만, 원자력에 대한 뜨거운 열정과 탁월한 관리, 철저한 유지보수와 운전능력으로 세계에서 가장 안전한 원자로로 바꾸어놓았다. 가동 첫해에는 발전정지 건수가 무려 17회에 달했다. 그러나 이후 15년간은 연평균 6.7회, 그 후 15년간은 단 4회뿐이었다. 원전이용률은 92퍼센트에서 최고 96퍼센트를 달성했다. 그야말로 고리 1호기의 탄생은 한국인에게는 축복 그 자체라고 할 수 있다.

고리원전은 수천억 원을 들여 완벽하게 리모델링했다. 그

내용은 비상발전기 연료 탱크 보강 등 총 1,911건, 증기발생기 저압터빈 등 대형기기를 총 915건을 교체했으며, 특히 후쿠시마 원전사고의 주원인인 수소폭발 방지설비를 갖춰 중대사고 방지능력을 전보다 열 배나 향상시켰다. 오히려 처음보다 더 안전한 발전소로 거듭났다고 할 수 있다.

중요한 것은 이 모든 것을 우리의 힘으로 해냈다는 점이다. 이는 미국을 포함한 원자력발전 선진국이 할 수 없는 것을 우리가 해냈다는 한국인의 자신감과 긍지의 승리라 할 것이다. 고리 1호기 계속운전은 우리의 기술력을 세계에 알리는 대단히 중요한 의미를 가지며, 동시에 해외 원전수출에도 큰 영향을 줄 것이다. 그리고 확신하건대 고리 1호기에서 근무하는 단 한 사람도 안전성에 의문을 제기하지 않을 것이다.

현재 미국은 103기의 원전 중에서 60기가 계속운전 중이며, 19기가 정부 승인을 기다리고 있다. 대형 원전사고가 일어났던 미국 스리마일 섬 2호기는 상업운전을 시작한 지 불과 넉 달 만에 사고가 났으며, 체르노빌 4호기는 상업운전 2년 후에 일어난 사고로 계속운전과는 무관한 사고이다.

고리 1호기는 앞으로도 안전하게 계속운전을 하여 전 세계에 우리의 유지보수, 운전능력을 보여주어야 할 것이다. 다시

고리1호기의 심장을 뛰게 하자. 체르노빌과 스리마일 섬 사고 후 세계적으로 원전의 안전성이 크게 높아졌으며, 이번 후쿠시마 사고는 대지진과 엄청난 쓰나미가 동시에 덮친 최악의 자연재해였지만 이를 계기로 원전의 안전성은 더 높아질 것이다.

인류 역사는 엄청난 자연재해와 실패와 좌절을 딛고 진화하는 것이 아닌가! 이번 후쿠시마 원전사고로 허를 찔린 인류는 그 아픔을 딛고 원자력 르네상스를 반드시 이뤄낼 것이다. 그리고 그 중심에서 대한민국이 세계 원자력발전 산업을 주도해 나갈 것이다.

우주의 탄생은 아인슈타인의 상대성이론인 물질과 에너지가 하나이고 상호변환이 가능한 핵반응에 의해 이루어졌다. 지금도 우주에서 계속되고 있는 많은 별들의 생성과 소멸은 핵반응에 의한 것으로, 우주를 지배하는 반응은 핵반응이고, 우리의 삶(생명)을 지배하는 반응은 화학반응이다.

화학반응보다 에너지 밀도가 백만 배나 큰 핵반응을 이용해 국가의 에너지 안보를 이루는 것은 대단히 뜻깊은 의미를 갖는다. 왜냐하면 화학에너지(화석에너지)는 자원이 한정되어 있지만 원자력은 인적자원을 포함해서 천연자원이(핵분열, 핵융합) 무한하기 때문에 영구히 에너지 안보를 이룰 수 있다.

그뿐인가. 원자력은 21세기의 가장 중요한 화두인 지구온난화를 해결할 수 있는 최선의 과학기술이다. 1953년 아이젠하워 미국 대통령이 UN에서 원자력의 평화적 이용(atoms for peace)을 역설했듯이, 우리는 이 땅에서 영원히 살아갈 후손(atoms for next generation)을 위해 반드시 원자력 기술 자립을 이뤄야 할 것이다.

아주 가까운 장래에 천연자원이 다 고갈되고, 우리가 생각하는 재생에너지로는 인류가 필요로 하는 에너지를 충분히 공급할 수 없는 시기가 되면 결국 원자력발전 강국만이 살아남을 것이며, 이들 국가가 세계사를 이끌고 나갈 것이다. 동시에 에너지 자원빈국인 대한민국은 원자력 기술자립을 통해서 국위를 선양하고 확실한 에너지 안보를 이루어 가까운 장래에 풍요로운 삶을 누리는 선진국이 될 것이다.

이 땅에서 영원히 살아가야 할 후손들을 위해서 아름다운 금수강산과 원자력 기술을 꼭 물려주어야 할 것이다.

기술자립을 위한 프로젝트

이 종 훈

　나는 1950년대에 서울대학에서 전기공학을 전공하고 평생을 전력산업에 종사해왔다. 내가 특히 전기공학에 관심을 가지게 된 동기는 고등학교 재학 중 같이 기숙하던 형뻘 되는 룸메이트의 조언이 큰 역할을 하였다. 그는 서울에서 경성전기학교에 다니다가 전쟁 때문에 고향으로 돌아가서 안동사범학교의 단기과정인 연수과에 다니고 있었다. 전기를 공부하던 학생답게 늘 전기의 신비와 유용성을 강조하며, 앞으로 모든 산업과 문명생활은 전기가 지배하는 세상이 될 것이란 점을 특별히 강조해 말해주었다. 그로 인해 농림학교에 다니던 나는 방향을 크게 바꿔 공과대학 전기공학과로 진학하게 되었다. 그

인연으로 인해 대학부터 60년의 긴 여정을 전기와 함께 하며 오늘에 이르게 되었다.

내가 대학 전기공학과에 재학 중이던 1956년에 당인리발전소(현 서울화력)의 건설 현장을 견학한 일이 있었다. 미국의 원조자금으로 마산과 당인리 및 삼척에 2만 5천 킬로와트 발전기 4기를 건설하고 있을 때였다. 미국의 벡텔이라는 회사 엔지니어가 청사진 도면과 공정표를 벽에 걸어놓고 헬멧을 쓰고 공사를 진행하는 현장을 보면서, 우리도 언젠가는 저런 일을 우리 힘으로 해낼 수 있어야겠구나 하는 생각을 했었다.

1961년 대학을 졸업하고 해군에서 장교 생활을 마친 후 한국전력공사에 입사하여 영월화력발전소에 배치되었다. 영월화력발전소는 1930년대에 건설된 발전소였다. 이곳에서 일하면서 살펴본 발전소 설계도는 일본 엔지니어가 주동이 되어 설계했다는 것이 눈에 띄었다. 나는 일본기술자들이 1930년대에 벌써 발전소를 설계하고 터빈발전기도 생산하는 능력을 가지고 있었다는 사실에 충격을 받았다. 우리나라의 전기엔지니어들은 복잡한 발전소를 설계할 기술이 전혀 없던 시절이었다. 우리도 하루속히 발전소를 설계할 수 있는 기술을 익히고, 국내에서 생산하는 터빈발전기와 기자재를 이용해 발전소를 건설해야겠다는 사명감을 느끼며 내가 이 일에 일조를 하겠다고 마음속으로 굳게 다짐했다.

당시 영월발전소는 매우 낡아서 성능을 높이기 위해 대대적인 복구공사를 시작하였다. 이때도 한국 기술진으로는 이 일을 감당할 수가 없어 미국의 벡텔회사에 공사를 맡겼다. 그런데, 한국전력 전신인 조선전업에서 간부로 근무를 하다가 회사를 떠났던 대학 선배가 벡텔의 시니어 엔지니어로 스카우트되어 이 복구공사에 참여하고 있었다. 선배는 영월에 머물면서 후배들에게 발전소 업무에 필요한 많은 정보를 알려주었다.

특히 그는 미국 기술진이 현장작업을 지도하는 내용을 자세히 파악하고, 무슨 일을 하는데 어떤 장비가 동원되며 어느 수준의 기술자 몇 명이 며칠 동안 일하는가를 조사하여 자세한 데이터베이스를 만든 것을 보여주었다. 그는 나에게 이런 데이터와 경험이 후일 발전소를 설계하고 건설 현장업무를 추진하는데 중요한 자료가 될 것이라면서 늘 관심을 갖고 현장을 살펴보라는 귀띔을 해주었다.

이 충고를 받아들여 나는 미국 엔지니어들이 사업을 조직적으로 추진하는 것에 관심을 갖고 지켜보면서 그들의 업무스타일을 보고 배우게 되었다. 이때의 경험이 후일 업무를 추진하는 데에 큰 도움이 된 것은 물론이다.

어느 나라나 농경사회에서 산업사회로 진입하면서 가장 먼저 도입해야 할 장치산업(플랜트)이 바로 발전소이다. 전력이 있어야 산업설비가 돌아가기 때문에, 발전소 같은 플랜트를 자기 기술로 건설하고 운영하는 기술이 다른 산업기술에 앞서 자립되어야 한다.

첫 번째 자립되었어야 했던 기술은 완공된 플랜트를 효율적으로 보수 운영하는 기술이었다. 우리나라 발전소는 일제시대 때 일본기술진에 의해 설계 건설되었고, 일본기술진과 함께 운영하였다. 광복과 더불어 우리 기술진이 이 설비를 인수하여 많은 어려움을 극복하면서 운영할 수 있었다.

앞서 내가 대학 재학 중 건설현장을 방문하였던 당인리의 서울화력발전소는 미국 원조자금에 의해 2만 5천 킬로와트 발전설비 4기를 건설하는 우리나라의 첫 발전소 건설 사업이었다. 서울과 삼척에 각각 1기, 마산에 2기를 건설하고 있던 이 화력발전소를 운영할 기술자가 필요했다. 미국의 원조자금으로 1954년에 한국의 우수한 엔지니어 50여 명이 선발되었다.

공학을 전공하고도 직장을 구할 수 없던 시절이라, 미국에 가서 훈련을 받고 평생직장이 보장된다고 하니 경쟁이 치열하였고, 따라서 국내 최고의 기술인재들이 선발되었다. 이들이 미국에서 훈련을 받고 돌아와 발전소를 운영함으로써 우리나라의 발전설비 운영 기술이 자립될 수 있었던 것이다. 그 후 이들은 1980년대까지 실질적으로 우리 전력사업을 선도하며 기술발전에 크게 기여하였다.

다음 단계는 발전소를 국내기술로 건설하기 위한 기술 자립이었다. 우선적으로 자립해야 할 기술이 프로젝트 관리(Project Management: PM) 기술이었다. 프로젝트란 '제한된 기간 내에 특정 목적이 되는 대상을 정해진 예산으로 완성시키는 업무행위'로 정의할 수 있다. 따라서 일상적이고 연속적인 업무와는 그 대상을 달리한다.

PM 기술은 미국 국방성에서 신무기 연구개발사업의 효율적인 관리를 위해 처음 개발되었다. 그 이후 민간부문의 건설, 신약 개발, 소프트웨어 개발, 스포츠나 문화 행사의 기획 관리 등 전 산업분야로 확대되어 활용되고 있다. 이를 위해서는 먼저 미리 정해진 목표업무(발전소 건설, 또는 연구개발 성과물 등)의 범위를 정하고, 소요예산을 산정하여 자금의 조달방법(기업과 정부예산, 해외 차관 등)에 대한 계획을 수립해야 한다. 다음으로 수많은 요소 작업을 분류하고, 무슨 설비와 장치를 언제 어떻게 설계하여 주문할지 정하고, 어느 때 인수하여 어떤 중장비와 어떤 인력을 얼마만큼 동원하여 어떤 방법으로 어떤 순서로 설치할지도 정한 후, 품질을 관리하는 방법을 정하여, 공사비는 적시에 지출하되 예산을 초과하지 않게 집행해야 한다. 우리나라는 원자력 발전소 20여기를 건설하면서 이 PM기술을 자립시키고 발전시켜 세계적으로 가장 월등한 기술을 보유하게 되었다.

이에 따라 2009년 12월 중동의 아랍에미리트에서 원자력발전소 4기를 수주하고, 가장 경쟁력 있는 가격(183억 달러)에 가장 짧은 건설기간으로, 2018년 3월 최고의 성능을 자랑하는 원자력발전소 첫 호기를 완료하였다. 발전소 건설기술 자립에 있어서 다음 단계는 종합설계기술(AE: Architect Engineering)의 자립이었다.

AE 업무에서는 플랜트의 개별 장치, 즉 보일러, 터빈, 원자로, 펌프, 밸브, 열교환기, 온도 압력 측정 감시 제어장치의 배치와 파이프의 크기, 강도, 케이블 연결방법 등을 포함하는 사양서(Spec.)를 먼저 결정하고 현장 공사도면을 생산한다. 이때 지진이 왔을 때 어떤 외력을 받아도 견고하도록 지탱할 지지물과 기초, 건물의 강도를 계산해 결정한다. 또 각종 설비를 감시하고 자동으로 운영되도록 컨트롤하는 방법까지 결정하는 것이 포함된다.

이 기술에는 기계, 전기, 화학, 토목, 건축, 계측제어 등 모든 공학기술이 동원된다. 이 AE 업무는 한국전력기술(주)의 기술진이 고리 원자력발전소 3·4호기를 건설하면서, 미국 엔지니어와 함께 설계하면서 자립할 수 있었다. 지금은 국내·외의 모든 화력발전소와 원자력발전소를 우리가 자체적으로 설계할 능력을 갖추었다.

플랜트 기술 자립의 다음 단계는 기자재의 국산화였다. AE 기술이 자립하여도 국내 기자재 제조기술이 미흡할 때는 수입자재의 사용이 불가피하다. 그러므로 AE 업무에서 사양서를 작성함에 있어 국내 제조업계의 현황과 능력을 감안하여 기자재를 국산화하도록 이끌어야 한다. 그래서 AE의 기술자립이 국산화에 이르는 첩경인 것이다. 제조업체들이 설비와 부품을 국산화하기 위해 외국 업체와 기술제휴를 권장하고 기술 자립된 국산화된 기기의 구매를 보장해주는 조치 등으로 국산화를 독려하였다.

기술자립의 마지막 단계는 핵심기술의 자립이다. 우주항공산업이나 원자로 핵심설비의 설계기술 등 첨단 기술은 선진국에서 해외 유출을 극력 억제하고 있다. 원자력 발전 기술도 원자로 설계의 핵심기술을 확보해야 완벽한 기술자립에 성공하는 것이다. 그런데 1979년 3월 미국의 TMI 원전사고로 원전 시장이 위축되었고, 1986년 4월 구소련의 체르노빌 원전 사고로 세계의 원자력 산업이 극도로 위축되었다. 그런 환경에서 우리나라는 그 기회를 잘 활용하여 원자력 핵심기술을 전수받을 수 있었다. 따라서 우리나라는 세계 원자력 발전 기술 5대 강국의 반열에 진입하였고, 현재 세계에서 가장 높이 평가받는 원자력발전소를 개발하여 국내·외에 건설하고 있다. 중동의 UAE 원자력발전소 건설은 세계의 원자력 발전 산업계에서 가장 큰 찬사를 받게 되기에 이르렀다.

나는 1961년 한국전력에 입사한 후 화력발전소 건설을 거쳐 거의 30여 년 가까이 원자력발전소 건설 업무를 담당해왔다.

1960년대 제1차 경제개발 5개년 계획에서 비롯된 산업화의 급격한 진전으로 전력수요는 급속도로 늘어났다. 발전소 건설은 국가 발전에 있어 가장 중요한 과제였고, 발전소를 더 지어도 전력이 부족하였다. 일본에서 차관으로 들여온 인천화력, 영동화력, 서울화력 5호기 등의 화력발전소 설비의 기자재는 일괄하여 일본에서 공급받았으며, 종합설계 업무도 일본의 공급자 책임하에 수행되었다. 우리의 업무는 프로젝트 관리 업무의 일부인 공정촉진, 품질관리, 공사비 산출과 지불의 적정성 검토 등에 머물러 있었다.

1967년에 사업을 시작한 서울화력 4호기는 미국차관으로 도입되었다. 이때 한전은 자체적으로 사업관리 즉 관리기술을 도입하려는 시도를 하였다. 종합설계는 미국의 길버트(GAI:Gilbert Ass. Inc.)가 맡고, 현장건설은 딜링햄(Dilling ham Inc.)이라는 회사가 담당하면서, 주요 기기는 한국전력이 직접 미국시장에서 분할된 패키지로 구매하게 되었다. 그래서 종합설계(AE)의 승인, 공정관리, 공사비 관리 등 프로젝트 관리 책임은 한국전력의 몫이 되었다. 그러나 처음 경험한 프로젝트 관리 방식이어서 일정이 거듭 지연되어 계획보다 2년이나 늦게 준공되었다. 하지만 우리는 이 프로젝트를 수행하면서 많은 경험을 얻을 수 있었다. 미국식 관리(PM) 기법을 접할 수 있었던 것은 물론, 나는 개인적으로 1968년 말 설계회사인 미국 길버트에 체류하면서 AE결과물의 승인업무를 수행하였고, 미국 엔지니어의 업무스타일도 익힐 수 있었다. 이때의 어려웠던 일과 작은 실패 등의 여러 경험이 그 뒤 1973년부터 원자력 사업을 담당하였을 때 많은 도움이 되었다.

우리나라의 첫 원자력발전소 건설 사업은 경남 양산군 장안면 고리에서 시작되었다. 1970년에 시작된 부지 매입과 땅 고르기를 비롯하여 해안의 방파제 공사 등 토목공사는 한국전력공사의 책임하에 시공되었다. 우리에게 원자력 발전 본 설비를 건설할 기술능력이 없었으니 외국에 프로젝트 관리와 AE 업무를 맡기는 턴키방식으로 건설할 수밖에 없었다. 미국 웨스팅하우스(WECK)가 원자로 등 핵심설비 공급과 기본설계를 담당하고, 영국전기(EEW)는 터빈발전기와 보조기기의 공급과 프로젝트 관리를 책임지도록 계약을 체결하였다.

그런데 1973년 세계적인 석유파동으로 국제 원자재 가격이 급등하였고, 이로 인해 원전 건설비용도 급상승해 사업 추진이 매우 어렵게 되었다. 턴키계약으로 1975년까지 준공하기로 하고 프로젝트 관리를 맡았던 영국전기는 사업 추진이 어렵다며 손을 떼려 했다. 현장 공사 진척은 지지부진하였다. 영국 EEW에 계약했던 공사비는 올려주어야 했으나 계약상 추가 지원이 불가능했고, 추가 비용을 지불하지 않고는 그 사업을 계속하기 어려운 형편이었다.

1976년 1월 한국전력에 새로 부임한 김영준 한국전력 사장은 이 사태의 심각성을 파악하고 경제부총리를 설득한 후 대통령의 허락을 받아 계약에 없는 추가 공사비를 지불하면서 계약 갱신을 하였다. 그리고는 동종 발전소 건설 경험이 거의 없던 영국전기 대신 프로젝트 관리 능력 면에서 신뢰가 가는 미국 웨스팅하우스(WECK)에 PM업무를 이관하면서 한국의 프로젝트 관리(PM) 기술 능력을 제고할 수 있도록 조치하였다.

즉 통합관리반(IMT: Integrated Management Team)을 구성하여 모든 건설관리 관련 정보를 한국전력과 공유하면서 건설을 추진하도록 했다. 이때 나는 고리 원자력발전소 건설 부소장의 자격으로 IMT에 한국 대표로 파견되어 미국 프로젝트 관리의 최신기술과 접하게 되었다. 우리나라의 첫 원자력발전소인 고리 원전은 이런 우여곡절을 겪고 1977년 6월 첫 가동이 시작되었고 각종 시험을 거쳐 이듬해 4월 준공되었다.

한국전력공사가 처음 발전소를 지을 때는 자금조달 능력이 없어 공급자 신용에 의한 외국차관에 의존해 발전소를 턴키방식으로 도입할 수밖에 없었다. 그러나 1970년대 후반에는 우리나라도 국제금융시장에서의 신용도가 높아졌다. 이에 따라 1978년에는 한국전력 자체의 신용으로 미국수출입은행(Ex-Im) 차관을 획득해 고리원전 3·4호기는 한국전력이 주도권을 가지고 건설할 수 있게 되었다.

원전기술 자립의 기틀을 마련하기 위해 종합설계와 프로젝트 관리 업무는 한전 자체의 책임 하에 수행하되 필요한 외국 기술은 지원을 받으면서 건설하기로 했다. 그리고는 프로젝트 책임을 맡을 책임자에게 전권을 주도록 결정되었다. 나는 최초의 프로젝트 매니저로 지명되었는데, 이는 고리원전 1호기 건설 촉진을 위해 우리 기술진을 이끌고 미국회사와의 통합관리반에 참여했던 경험과 실적이 참작되었을 것이다.

이 사업은 한국의 원자력기술 자립의 기초가 되었다. 한국전력공사가 직접 전체 사업관리를 하고, 미국의 벡텔에 발전소 종합설계를 맡기면서 한국전력기술(KOPEC)의 기술진을 대거 종합설계에 참여시켜, 빠르게 AE기술 자립이 추진되도록 하였다. 벡텔로부터 최신 PM프로그램 기법을 도입하여 한국전력이 PM업무를 직접 관장하면서 공사비와 공정, 품질 및 발전소 성능까지 모든 책임을 지게 되었고, 이러한 과정은 우리나라 원자력 기술의 자립을 앞당긴 원동력이 되었다.

1980년대에 미국의 프로젝트관리협회(PMI) 심포지엄을 참관한 경험을 통해, 나는 미국사회의 모든 활동이 합리성에 근거하여 시장원리에 의한 경쟁에 뿌리를 두고 발전하고 있다는 것을 실감하였다. 경쟁에서 살아남기 위해 더 나은 PM기술 소프트웨어를 개발하고, 더 많은 교육과 훈련을 시키려 하며, 더 나은 사업관리를 하려는 모습들이 매우 인상적이었다.

그러나 당시 우리나라 건설공사의 사업관리와 시장경제체제는 대부분 합리성과는 거리가 멀었다. 비용을 절감하고 공기를 합리적으로 관리하며 최선의 방법으로 과제를 완수하는 것에는 큰 관심이 없었다. 공사 수주는 발주자의 설계가액을 기준으로 입찰하는 것이 관행이었고, 공사비가 낮으면 부실한 공사를 통해서 손실을 보전하려는 행태가 일반적이었다. 이로 인한 폐해는 낮은 공사비, 짧은 공기, 편법적인 품질관리 등으로 이어져, 그 부작용이 수년 후에 나타나도 원인과 책임이 제대로 규명되는 일 없이 그냥 넘어가는 것이 예사였다.

1970년대부터 불어온 중동 특수 때에 국내 건설업체들은 대대적으로 중동 건설 현장에 진출하였다. 그러나 우리나라 건설업체들은 제대로 PM능력을 갖추지 못하여, 해외사업을 수주하면서 설계·구매·건설관리(EPC:Engineering, Procurement, Construction)의 주계약자로 참여할 수가 없었다. 미국과 유럽의 큰 업체들이 EPC주계약자로 참여하고 우리 건설업체는 이들의 하청을 받아 공사하는 수준을 면하지 못했다.

플랜트 건설업이 국제적으로 주계약자가 되려면, 무엇보다 먼저 PM기법을 익히고 PM기법을 국내에 보급하는 것이 급선무이고, 국제화의 시대적 요구라고 생각하였다. 선진국들의 PM기술경쟁 노력을 보면서 우리나라에도 정당하고 높은 수준의 프로젝트 관리기법으로 경쟁하고 승리하는 풍토가 정착되어야겠다는 것을 절감했다.

유관기관 간의 기술교류와 국제협력에 기여할 목적으로, 여러 준비과정을 거쳐 1990년 11월 27일, 원자력발전소 PM기법을 도입한 경험을 가진 한국전력과 한국전력기술 간부가 주축이 되어 30개 기관의 46인 발기인들이 모여 '한국프로젝트관리

기술회(PROMAT)' 창립총회를 열었다.

이 PROMAT를 통해서 PM의 신 기술추세와 정보 등 PM관련 기술을 회원사들이 공유하고 보급할 수 있었다.

매년 개최한 심포지엄에는 전국에서 프로젝트 관련 업무에 참가하고 있던 기술자들이 프로젝트 관리기법의 효율적 아이디어를 얻기 위해 먼 길을 마다하지 않고 참석하였다. 이와 같은 발전 과정을 거쳐 한국의 건설업체가 2000년대 이후 여러 해외 사업을 수주하면서, 설계 구매 건설관리(EPCM)의 총 책임을 맡는 주계약자로 참여하게 되었다.

그러나 프로젝트 관리기술의 중요성에 비해 이를 학문적으로 연구하는 국내대학이 하나도 없는 현실이 너무 안타까워서, 나는 몇 개 대학교와 접촉하면서 연구활동과 인력 양성의 중요성을 호소했다. 숭실대학교의 어윤배 총장이 제일 먼저 이에 동조하고 최고경영자 과정을 개설함으로써, 국내 PM사상 최초로 1998년 봄에 1기생 26명이 입학을 하였다. 이 과정은 2009년까지 400여 명의 전문가를 배출하였다. 한편 한양대학교 공학대학원에도 '프로젝트 관리학' 과정이 개설되어 지난해 까지 70여 명의 프로젝트 관리 석사도 배출되었다.

한편 공식적으로 PM전문가로 인정을 받기 위해서는 자격증 취득도 중요하다고 판단되어, 우선 미국의 PMI가 시행하는 프로젝트관리전문 기술자(PMP: Project Management Professional) 자격증을 취득하도록 하기도 했다. 이에 따라 1993년 미국의 PMI 연례 심포지엄에 참가하여 한국인으로서는 처음으로 두 명이 PMP 자격을 취득했다.

또 국내에서도 PMP 자격자를 배출하기 위하여 PMI와 교섭을 한 끝에, PROMAT가 PMI로부터 문제지를 우송해 와 국내에서 시험을 보는 방식으로 자격시험을 대행하여 1995년에 처음으로 14명의 PMP 합격자를 배출했다. 그 후 2001년부터는 PMI가 직접 운영하는 컴퓨터에 의한 시험방식(CBT: Computer Based Testing)으로 개인이 PMI에 직접 응시할 수 있게 되었다.

최근의 PMI 발표 자료에 의하면 2018년 말까지 한국에서 PMP 자격을 획득한 사람은 무려 1만 천여 명에 이르고 있다.

오늘날 우리나라 기술진이 해외 건설사업에서 여러 사업을 활발하게 수행하고 있는 저변에는 이들의 활약이 컸을 것이다. 한국의 PMP는 PROMAT(프로젝트경영협회-KPMA로 개명)를 발족한 지 불과 20여년 만에 완전히 자리를 잡게 된 것이다.

그러나 PM의 중요성에 비추어 정부 차원의 관심과 참여가 미흡한 것이 현실이다. 이에 따라 국가적인 PM 활성화를 위한 제도적인 방법을 강구할 필요성이 계속 논의되고 있다.

원자력에너지로 바닷물을 민물로

김 시 환

칠순을 훌쩍 넘긴 요즈음 나의 삶을 뒤돌아보면 원자력은 내게 인생을 역동적으로 살아갈 수 있는 원동력이었다. 내가 30대였을 때 우리나라는 경제적으로 매우 어려웠다. 그 시절에 미국에서 약 8년간 원자력을 공부하고 실무경험을 쌓았다. 원자력산업현장에서 실무를 잘 배워 우리나라 원자력 기술 발전에 일조하겠다는 열정으로 가득 찼었다. 1984년에 한국원자력연구소로 돌아와 경수로 핵연료국산화사업 책임자로 일하던 시절에는 후배들과 함께 하는 회식자리에서 우린 서로 어울려 어깨동무를 하며 선구자를 소리 높여 부르곤 했다.

'일송정 푸른 물에 말 달리는 선구자…'

나의 가슴에는 그런 꿈과 열정이 있었다. 그래서 주말에 가족과 함께 하는 시간도, 휴가도 반납하며 그렇게 핵연료국산화 사업, 한국형표준원자로 기술자립, 스마트 원자로개발, 원자력연구개발 중장기사업에 매달려왔다. 그때는 힘들다는 생각은 아예 하지 못했고, 동료와 후배들도 돌아보지 못했다. 오로지 원자력기술 개발만 생각하며 앞으로 앞으로 달려왔다.

약 10년 전 연구소를 퇴직하고 난 직후 아내는 나에게 "당신은 참 잘 살았다. 온몸과 마음을 다 바쳐서 살 수 있는 것은 참 의미가 있는 인생이다. 그러나 당신은 가장 소중한 것을 잃었다. 당신은 자식들이 가장 필요할 때 함께 있어 주지 못했고, 또 자식과 함께 보내는 시간 그 소중한 추억들을 잃었다. 당신은 아들딸들이 필요로 했던 아빠의 자리에 있지 못했다"고 말했다. 씁쓸했다.

그리고 보니 아이들의 입학식과 졸업식에 한 번도 참석을 못 한 것 같다. 그것이 때로는 후회도 되고 아픔이 되어 요즘은 아들딸 눈치 보며 비위 맞추기에 급급하다. 요즈음 가끔 생각해본다. 내가 다시 태어났어도 그렇게 살 수가 있을까?

그때보다는 많이 풍족해졌지만, 나라보다는 가족이 더 소중하다고 생각하는 것이 요즈음 가치관인 것 같다.

그 시대엔 그런 마음과 열정이 필요했던 시대였고, 그 시대의 부름에 성실하게 응했을 뿐이다. 월급도 많지 않았고 많은 사람들이 생각하고 당연히 받아야 한다고 생각한 액수가 아니었음에도 부족한 줄을 몰랐다. 그렇게 살아야 하는 줄로만 알았다. 우리 가족은 늘 마이너스 통장을 매달 채워 나가야 했다. 그것에 대한 미안감도 없었으니 나는 참 뻔뻔한 사람이었던 것 같다. 아마도 가난하게 살았던 50~60년대를 살아나왔기 때문일까, 아니면 원자력은 결핍이 주는 열정적 에너지가 아니었을까….

당시에 두산중공업(주)은 물이 부족한 중동지역에 화력에너지를 이용한 세계 최대용량의 해수담수플랜트를 수출하여 운영 중이었다. 1993년 나는 두산중공업(주)이 수출한 3개의 화력담수플랜트 사진과 해수담수화용 소형원자로 개발 계획서를 가지고 당시 경제기획원 과학기술 예산담당 국장에게 원자력에너지를 이용한 해수담수화용 소형원자로개발 필요성을 역설하고 예산지원을 요청하였다. 이후에 한국원자력연구소 신재인 소장도 경제기획원 복도에서 무려 2시간 이상 대기하며 담당국장을 만나 설득하여 1993년에 해수담수화용 원자로의 개념개발에 필요한 재원을 확보하게 되었다. 비록 기간도 짧고 예산도 적었으나 국내 중소형원자로 개발의 효시가 되었다.

해수담수화용 원자로 개발목적은 인구 10만인 도시에 전기와 식수를 충분히 공급하는 것이다. 이를 위하여 원자로의 열출력을 330메가와트로 결정하고 열출력의 90%를 전기 생산에 사용하여 전기 9만 킬로와트를 생산하고, 나머지 10%를 해수담수화에 활용하여 하루 4만 톤의 담수를 생산할 수 있게 개발목표를 설정하였다. 당시에 개발한 소형 일체형 원자로의 설계 개념으로 현재 스마트 원자로가 개발되었다. 소형 원자로는 대형원전과 보완관계에서 개발된 상품으로 지리적·재정적으로 대형원전 건설이 부적절한 국가, 인구분산에 따른 송·배전 전송망 구축비용이 과다한 국가, 물 부족 국가 등을 대상으로 수출용으로 개발을 시작하였다.

소형 원자로 개발을 위한 재원을 충분히 확보하지 못 하고 있을 1995년, 당시 대우그룹의 윤영석 총괄회장, 이봉희 사장과 신재인 원자력연구소 소장의 도움으로 대우그룹의 지원을 받을 수 있었다. 대우그룹에서 많은 연구개발 자금을 지원받아 21세기 무역 물동량의 급증에 대비하여 초대형 고속 컨테이너선의 추진에 활용할 수 있는 고유안전로의 개념설계 사업을 수행하였다.

물 부족은 세계적인 문제이다. 현재 세계인구의 40%, 80개국에서 심각한 물 부족으로 고통을 받고 있다. 지구에 존재하는 물의 97.5%가 소금물이고, 민물은 2.5%이다. 지구표면은 70%가 물로 덮여있으나 그중 바닷물은 약 97.5%, 담수는 약 2.5%이다. 지구상 담수는 빙하 및 만년설 68.9%, 지하수 29.9%, 토양 및 대기 중의 수분 0.9%, 하천, 호수와 저수지 물 0.3%로 구성되어 있어 대부분이 바닷물이고 우리가 사용할 수 있는 물은 지구 전체의 0.0075%뿐이다. UN환경보고서에 따르면 세계 인구의 3분의 1 가량이 심각한 물 부족 상태에 처해있다.

물 부족 문제를 해결하기 위한 한 가지 방법으로 바닷물을 민물로 만드는 것이다. 해수담수화란 바닷물 속에 용해되어 있는 염분 및 광물질을 제거하여 민물로 만드는 것이다. 해수담수화 방법은 크게 증발 방법과 역삼투압 방법이 있다. 증발법의 경우 바닷물을 끓여 수증기를 만들고, 이 수증기를 식혀서 담수를 생산하는 방법이며, 전 세계 사용담수시설의 90%이상을 차지한다. 바닷물을 끓이기 위한 에너지원으로서 화력 또는 원자력에너지가 이용된다. 원자력을 이용한 해수담수화란 바닷물을 민물로 만들기 위한 에너지로서 원자력을 이용하는 것을 말한다. 원자력을 이용한 담수화기술은 세계적으로 활용되고 있다.

러시아는 카자흐스탄에 있는 원자력발전소의 열을 이용하

여 전력생산 및 해수담수화를 약 30년간 가동하고 있으며, 일본은 9개의 원자력발전소에서 폐열을 이용한 담수를 생산하여 발전소 공업용수로 활용하고 있다. 이외에도 아르헨티나, 중국, 파키스탄, 등에서도 담수화사업을 추진 중이다. 두산중공업(주)이 화력을 이용한 세계담수화 시장의 약 40%를 차지하고 있다. IAEA는 세계적인 현안인 물 부족 현상을 메우기 위해 원자력을 이용한 해수의 담수화 프로젝트를 적극적으로 추진키로 했다.

스마트원자로는 한국원자력연구원이 100% 순수 국내 기술로 개발한 우리 고유의 원자로이다. 그 우수성을 세계무대에서 인정받아 국내 건설된 적이 없음에도 사우디에 기술수출을 하게 되었다. 스마트원자로의 성공적인 데뷔는 원전 수출국으로서 우리나라의 입지를 다시 한번 굳히는 계기가 되었다.

1993년 소형 원자로(지금의 스마트)사업을 기획하고, 온갖 역경과 비난 속에서도 열정을 다 바쳐 스마트를 개발하여 수출하기까지 25년이라는 세월이 흘렀다. 숱한 시행착오와 시련도 겪었고, 개발책임자도 여러 번 바뀌었다. 그중에서도 스마트 개발에 가장 큰 문제는 장기적이고 안정적인 연구개발 재원확보였다. 그러나 열악한 연구환경 속에서도 주어진 현실에 안주하는 자세를 과감히 탈피하여 새로운 원자로 개발에 대한 한국원자력연구원 연구원들의 도전 정신과 열정이 우리 고유의 스마트 개발과 수출의 원동력이 되었다. 오늘날의 이 같은 결실은 무엇보다도 묵묵히 뚝심 있게 스마트 개발을 추진해 온 김긍구 박사를 비롯한 캐리 후배 연구원들의 노력과 열정이 있었기에 가능했다고 생각된다. 모든 일에는 일을 시작하는 사람들이 있고 그 일을 계승하여 발전시키는 사람들이 있고 또 결과를 맺는 사람들이 있다. 스마트 개발에 참여한 연구원들이 어떻게 갖은 역경을 넘어서 세계 최고의 소형 원자로 스마트를 개발 역사를 정리하는 일은 매우 의미 있는 일이라고 생각한다.

사우디는 2010년 국왕 칙령으로 설립된 장관급 정부 기관인 KACARE를 중심으로 2040년까지 전력의 20%(17.6기가와트) 수준을 원전으로 공급한다는 계획에 따라 원전을 도입하고 있으며, 이 중 15~20%를 소형 원전으로 건설을 추진 중이다. 스마트 원자로를 활용해 자국이 겪고 있는 물 부족 현상을 해소하고 중소규모 도시에 전력을 공급할 수 있다는 판단에 따라 스마트에 대해 지속적인 관심을 표명해왔다. 아울러 대부분의 중동국가들은 분산형 '스마트시티' 건설을 통한 발전전략을 채택하고 있어 중소규모 도시에 적합한 에너지 공급체계인 스마트의 추가 수출 전망이 매우 높다. 2조 원 규모의 토종 스마트 원전을 사우디아라비아에 수출해 시범운영하고, 사우디와 공동으로 제3국에까지 수출하는 방안이 추진되고 있다.

스마트 원전이 사우디에서 성공적으로 건설 운영되면 세계 최초의 상용 일체형원전에 대한 기술을 확보하게 되어 세계 중소형원자로 시장을 선점할 수 있을 것이다. 이로써 국가위상을 제고시키고, 국가 성장 동력의 창출이 기대된다. 카자흐스탄, 몽골, 말레시아, 필리핀, 리투아니아, 나이지리아, 칠레, 인도네시아 등 개도국에서 전력생산, 해수담수화, 지역난방에 활용 가능한 스마트에 대해 많은 관심을 표명하고 있다. 중소형원자로의 시장규모는 보수적으로 평가하여도 2015년~2030까지 최소한 70기 이상으로 평가되고 있다. 그러나 아직은 시작에 불과하며 앞으로 극복해야 할 과제들이 산적해 있다. 사우디에서 스마트 원전 건설이 성공적으로 추진될 수 있도록 많은 고견과 적극적인 성원을 간곡히 부탁드린다.

나는 이번 사우디에 대한 우리 고유의 스마트 기술 수출이 앞으로 우리나라의 원자력 발전 기술을 획기적으로 도약시킬 수 있는 새로운 계기가 되기를 바란다. 또한 스마트 기술을 선진국과 당당히 경쟁할 수 있는 기술로 발전시킬 것으로 기대한다. 아울러 원자력 발전을 너무 민감하게 받아들이는 사회의 분위기를 전환시키는데 큰 도움이 되기를 바란다. 소형 스마트 원자로 수출은 한국 경제의 대안 중 하나가 될 수 있다. 순수 토종 원자로 스마트가 대한민국의 대표 수출상품으로 자리매김할 그 날을 기다려본다.

과거를 돌이켜 보면, 우리나라의 도약 단계마다 원자력이 함께 했었다. 핵연료를 국산화한 1989년에는 일인당 GDP가 5천 불에 이른 시기다. 또 원자로 기술자립을 이룬 1996년에는 1만 불 시대를 열었다. 산업화에 많은 기여를 했음에도 불구하고 원자력은 이 땅에 들어선 이후 끝없는 비판, 마찰과 함께 해왔다.

그렇지만 비판을 수용하면서 계속해서 연구개발을 해 온 결과 스마트 수출이라는 결실을 만들어 내었다. 원전의 기술자립 노력의 결과로 전력생산을 위한 상용발전 기술은 이제 자립단계에 이를 만큼 우리의 원자력 기술은 세계 최고에 위치하고 있다.

위기란 위기에 머물러 있다면 위기로 끝나지만 새로운 기회를 여는 문이라고 생각하고 전진한다면 새로운 문은 항상 열리는 것 같다.

항상 위기가 있으면 새로운 기회가 있다고 생각한다. 이번 스마트의 사우디아라비아에 수출사업이 원자력에 대한 사람들의 부정적인 인식을 바꾸어 현 정부의 탈원전 정책도 바꾸고 동시에 오히려 세계 최고수준의 원자력 기술을 보유한 국가라는 사실에 내심 자부심을 가질 수 있는 새로운 문이 열리기를 기대해본다.

PART 3

또다른 과학의 길

▸ 딸 바보와 짧은 바지 가족
▸ 따지다보니 인공지능
▸ 불쌍하고 아픈 사람들에게 도움을 줄 수 있다면
▸ 김법린 박사의 당부
▸ 준수에게

딸 바보와 짧은 바지 가족

신 재 인

88올림픽을 꼭 보시겠다던 할머니가 돌아가셨다. 그때 할머니의 삶이 아흔에서 두 해나 더 넘겼기 때문에 가족들도 크게 슬퍼하지 않았지만 형과 나는 달랐다. 할머니는 일제 치하에서 독립운동한다고 중국으로 건너가 41세의 젊은 나이로 가족의 곁을 영영 떠나버린 남편 때문에 긴 세월 홀로 사셨다. 그러나 험한 왜경의 감시 밑에서도 길쌈으로 어린 삼남매를 바르게 키운 할머니는 돌아가실 때에는 시골 옛집을 매우 그리워하셨다고 한다. 뒤 터에 늙은 감나무가 있어 항상 까치밥을 남겨 놓던 그 시골집에서 우리는 유년기를 할머니 손에서 자랐다. 할머니는 도시개발에 밀려 사라진 이 집을 마치 전쟁터에서 잃어버린 자식처럼 찾으셨다고 한다.

할머니가 돌아가시기 한 달 전에 주말을 맞아 찾아뵈었다. 그때만 해도 건강이 좋아서 나를 보시더니 "얼굴이 안 좋다" 하시고 손자며느리에게 "보내 준 남편 보약은 잘 먹이느냐?" 하고 챙기셨다. 특히 나에게는 "하는 일이 어렵고 반대하는 사람들도 많다는데 괜찮으냐?"하고 물으셨다. 손자가 하는 일이 무엇인지 전혀 모르지만 할머니는 단지 주변의 이야기만 듣고 당신 손에서 자란 손자가 크게 걱정되었던 것이다. 증손녀와 증손자의 머리를 쓰다듬으시면서 허리춤에 달려 있는 호박주머니를 열어 세종대왕 명함을 꺼내 주시고는 흐뭇하게 웃으셨다. 그리고 돌아가신 것이다.

할머니가 떠나시고 난 후부터는 이제 큰 집, 작은 집 하면서 온 가족들이 모이는 횟수가 크게 줄었다. 기껏해야 명절날이나 제삿날이 되어야 서로 얼굴들을 보고, 안부를 묻고, 부쩍 커버린 조카들을 안아보게 되었다. 세상사는 일에 모두 바빠서 형제들도 가끔 만나 술 한 잔 나누는 기회도 박탈당했다. 이제 내 가족이 사는 모습도 전형적인 핵가족 형태로 바뀌었다. 마치 오래 전 어린 시절 앞마당에 앉아서 가까운 친구들끼리 하던 소꿉장난과 같이 되었다. 여름이면 단출하게 우리 가족들만의 피서를 가기도 하고 주말 외식도 즐기게 되었다. 그런데 언제부터인지 상황이 또 다르게 되었다.

 딸과 아들의 나이가 조금 더 들면서 자기들만의 세계를 만들기 시작한 것이다. 주말에도 자기 친구들끼리 놀거나 방에 틀어박혀 그 많은 숙제를 해야 한다고 할 뿐이지 전처럼 아버지 어머니 옆에 앉아서 조잘대는 음악이 없어져 버렸다. 자식들이 부모를 떠나는 초기 증세가 보이기 시작한 것이다.

 특히 가끔, 아주 가끔 딸애 녀석이 데리고 오는 남자친구한테 하는 짓이 아빠한테 하는 것보다 더 애교스럽게 보일 때는 솔직히 말해 내 속은 썩 편하지 않았다. 그래서 한 번은 저녁 식탁에서 그 남자친구에 대한 신상조사를 시도해 보았다. 이를테면 그 녀석은 공부를 잘하는 편이냐, 부모님은 다 계시고 뭐 하시는 분이냐 등의 일반적이고 상식적인 질문을 딸애에게 던졌다.

 그런데 놀라운 것은 딸애의 입에서 전혀 상상하지 않았던 방식의 대답이 나왔다. "그 애는 공부를 잘하는 편은 아니지만 그렇다고 못 하는 편도 절대 아니야. 그리고 그건 외교관인 부모를 따라 세계 이곳저곳을 옮겨 다녀 한 곳에서 꾸준하게 공부를 하지 못했기 때문이래" 하는 식의 답변이다. 꼭 매번 질문할 때마다 부족한 부분은 친절하게 변명을 붙여준다. 그때 나는 표정에는 전혀 보여주지 않았지만 가슴 속에는 섭섭하고 싸늘한 바람이 불어왔다. 그리고 언젠가는 결혼이라는 예식을 거쳐 우리 가족이라는 영토에서 빠져나갈 딸애의 얼굴을 오랫동안 쳐다보고 있었다.

그런데 이 딸애가 하루는 내게 찾아와 보통 때와는 다른 애교를 부리기 시작했다. 보통은 정해진 일주일 용돈 이상의 돈이 필요할 때마다 하는 예식인데 그날은 조금 행동이 달랐다.

학교에서 한 달간의 시간을 주고 특별학습을 위한 보고서를 써서 제출하기로 했는데 자기는 그 보고서의 내용을 「인류문명과 에너지」로 잡았으니 그 전공을 한 아버지에게 도움을 받기를 원한다고 조른다. 내 책장에 있는 『과학기술의 사회사(박익수 저)』를 훔쳐보고 정한 것 같았다.

그 후 일주일 동안 딸애는 내 책장뿐만 아니라 도서관과 서점을 뒤져 참고서적들을 빌리거나 사오기를 시작했다. 내게서도 국제에너지기구에서 나오는 자료를 요구하고 당연하게 추가 용돈을 청구했다. 그 외에도 특별한 개인적인 정보를 얻는다고 아주 작은 녹음기를 구해 오더니 우리나라에서 이름 있는 에너지전문가들을 면담해서 그 내용을 녹음해 보고서 작성에 참고하기도 하였다. 물론 그분들과의 면담을 위해서는 내 이름을 조금 팔거나 내 도움을 받기도 했다.

그러나 더 이상의 도움은 요구하지 않았다. 그 일이 있고 난 뒤 한 달 반 후에 모든 것을 까맣게 잊고 있었던 내게 딸이 난 꽃 같은 향기로운 미소를 띄우며 다가와서 그 보고서가 최우수 평점을 받았다고 자랑을 한다. 그 보고서의 내용을 묻는 내게 딸애는 불을 사용하면서 자연 에너지의 도움을 받았던 원시 인류가 지금은 에너지 과소비적 취향을 지닌 현대문명을 개발하였고 부수적으로 발생한 한정적이고 편재되어 있는 세계 에너지 자원의 분포 문제, 에너지 과소비에 따른 환경오염과 그에 따른 세계분쟁의 역사 등 에너지 역사와 문제점들을 간단명료하게 이야기한다. 그리고 결론으로 각 국가는 스스로 자립해서 에너지를 공급할 수 있을 때에 분쟁이 없는 세계 평화가 오고 환경도 보전될 것이라고 말한다.

그때 나에게는 이제까지 작고 어리게만 보였던 내 딸이 뚜렷한 자기 주관을 정립해서 남에게 당당하게 설명해 줄 수 있는 성숙한 모습으로 변화되어 크게 보이기 시작했다. 이제 딸애는 상당한 에너지 전문가가 되었다. 밖에서도 에너지에 대해 사리에 맞지 않는 이야기를 하는 사람들에게는 열심히 설명도 해주고 어느 때에는 심한 언쟁도 했다. 뿐만 아니라 이제는 시어머니급으로 상승해서 신문이나 텔레비전에 나오는 정부의 에너지 홍보에 대해서도 세련미가 없다느니 설명이 어렵다느니 주저리주저리 비평도 서슴지 않는다.

딸애는 아마 이 영향을 크게 받은 듯 일 년 후 진학할 대학을 미국에 있는 공과대학으로 정했다. 겨울방학 동안에는 유학 갈 대학을 결정하기 위해 열흘 예정으로 학교 선생님과 친구 열 명이서 미국에 다녀오기로 하였다. 아침에 공항에 보내기 위해 집 앞에서 택시를 붙잡고 있는데, 딸은 갑자기 내게 돌아서서 "아빠 기껏 열흘 동안만 떨어져 있는데도 마음이 이렇게 이상한데 공부하러 떠날 때에는 어떻게 하지" 하고 눈가에 이슬을 만든다. 나도 가슴이 메이면서 '조금 있으면 우리 짧은 바지가족 하나를 외국으로 보내는구나' 하고 생각했다.

옛날 떠도는 흥부 놀부 시리즈에 이런 이야기가 있다. 놀부가 길에서 흉할 정도로 짧은 바지를 입고서 일하면서도 연신 웃고 있는 흥부를 만났다. 이상하게 생각한 놀부가 흥부에게 물었다. 흥부가 자랑스러운 표정으로 놀부에게 설명했다. "형님 어제 내가 시장에서 바지를 하나 샀는데 너무 길지 않겠습니까? 그래서 집에 가서 마누라에게 조금 줄여 달라고 했더니, 부모 생각한다고 둘째 딸 녀석이 저녁에 먼저 줄여 놓고, 아침에는 첫째와 마누라가 또 줄여 놔서 이렇게 바지가 짧아졌지 뭡니까? 그러나 저는 매우 행복합니다."

이 말을 들은 놀부는 시장에서 긴 바지를 하나 사서 집에 가져다 놓고 큰 소리로 마누라에게 줄여 달라고 했다. 그러나 그다음 날도 또 그다음 날도 바지는 전혀 줄여지지 않고 그대로 있었다. 놀부가 마누라에게 물었다. 마누라는 첫째 딸에게 왜 줄여 놓지 않았느냐고 화를 냈다. 그러자 첫째 딸은 둘째에게 왜 줄여 놓지 않았느냐고 큰 소리로 물었다. 그리고 둘째는 어머니에게 물었다. 그리고 바지는 그다음 날도 긴 바지 그대로 있었다.

그날 금요일은 일진이 크게 나쁜 날은 아니었다. 내가 바라던 일들이 조금씩 이루어지고 있었고, 날씨는 무덥지도 않았고 맑았다. 더욱이 그날 저녁은 짧은 바지 가족인 딸애의 고등학교 졸업식이 있는 날이었고 최우수 우등상까지 받게 되어 있어서 내게는 더욱 축복받는 날이었다.

오후에 대전에서 서울로 올라오는데 고속도로가 매우 붐볐다. 주말을 준비하는 차들로 보였다. 집에 도착해서 보니 딸은 이미 학교로 먼저 떠났고, 식탁 위에 편지 한 장만 놓여 있었다. 그동안 어려운 살림에도 비싼 학비가 드는 학교에 계속 다닐 수 있게 해주었고 이제 졸업하게 되었으니 부모님의 은혜를 보답할 수 있도록 대학에 가서도 더 공부를 열심히 하겠다는, 연필로 또박또박 글씨를 그려 낸 편지였다. 약간 눈 위로 안개가 어리는 것을 느끼고 외부에서 걸려 온 전화를 받고 서둘러 샤워하기 위해 화장실로 들어갔다. 그런데 더운물이 나오지 않았다. 졸업식에 가려면 시간은 빠듯한데…. 물을 끓여 화장실로 바삐 들고 가다가 부주의로 몸과 얼굴에 부어 큰 화상을 입게 되었다.

병원 응급실로 가서 치료를 받는데 처음에는 아무 감각이 없고 단지 얼굴과 가슴에 쓰린 느낌만 받았다. 그리고 죽어버린 살결을 칼로 도려낼 때에도 큰 통증은 느낄 수 없었다. 그래서 뒤늦게 졸업식에 참석하러 나오다 의사의 강요로 병실에 입원하게 되었다. 다음 날 새벽부터 내 상황은 급변하였다. 넓은 상처 부위의 모든 곳이 바늘로 찌르는 듯한 아픔을 주었다.

열은 사십도를 넘게 오르고 혈압도 급격하게 상승하면서 호흡이 곤란해지기 시작하였다. 병원에서 놔주는 진통제 주사도 별로 효험이 없고 단지 기도하고 최대의 인내력으로 버티는 것만이 내가 할 수 있는 전부였다. 담당 의사는 내게 오더니 열이 내리지 않으면 큰일이 발생할 수도 있으니 가족에게 미리 유언을 남기라고 한다.

깊은 밤에 눈을 뜨고 주변을 둘러보면 세상이 서먹해 보였다. 내가 살지 않았던 별스러운 세상 같았고 곁에서 근심스럽게 쳐다보고 있는 가족들도 유리장 벽 저편에 서 있는 다른 사람들 같다. 감각적으로 나는 세상과 단절되어 고립되어 버렸고 홀로 누워 있는 것 같은 절망감이 아픈 머리 위로 겹겹이 쌓이기 시작했다. 하계와 상계의 중간에 서 있다는 느낌이 강하게 들고 나를 위해 기도할 수 있는 의지력마저 상실되었다.

 나는 정신을 놓으면 안 된다는 절박감에 포위되었다. 하나님에 의지하려는 마음이 증폭되었다. 그러나 나는 또 다른 소리를 들었다. 내 강한 의지로 이 고통을 벗어나야 살 것이라는 빛살의 소리였다. 나는 간호사에게 내가 정신을 잃지 않도록 계속 질문을 하고 말을 걸어 달라고 간절히 부탁했다. 이런 혼돈의 아픔과 고통이 하루를 계속된 후에 나는 주사약의 덕분으로 무감각적인 잠을 자게 되었다.

 시간과 날이 지나면서 아픔의 고통은 덜해가고 상처도 눈에 띄게 좋아졌다. 그러나 화상에 나쁜 균이 감염될 것을 우려한 의사의 권고로 지척에서는 아무도 나를 만날 수가 없었다. 딸애는 마치 자기 잘못으로 내가 화상을 입은 것처럼 울먹이면서 병실 입구에서 나를 지켜보고 있었다.

 화상은 얼굴부터 가슴과 복부에 걸쳐 있었기 때문에 생각보다 오래 병원에 있게 되었다. 장마철에 접어들어서 큰 빗줄기가 내리는 창밖을 큰 주사침을 손등에 꽂고 내다보면서 새삼 건강의 아름다움, 건강이란 축복을 절감했다. 그리고 내 옆 병실에서 누워 있는 많은 환자들이 고치기 힘든 병으로 신음하고 있는 모습을 보고서는 마음이 더욱 무거워졌다.

그다음 날 새벽은 매우 무더웠다. 창문을 열어 놓고, 오지 않는 잠을 청하고 있을 때 처음에는 가느다란 울음소리가 들려왔다. 흐느끼는 것 같기도 하고 고통의 아픔으로 신음하는 것 같던 소리가 점점 커지더니 통곡으로 변해갔다. 시간이 지날수록 사람의 수가 점점 많아지면서 통곡의 소리가 온 병동을 메우기 시작했다. 젊은 나이에 몸 안에 암세포가 번식해서 어려운 치료를 받던 환자가 있던 방이다.

아픔을 겪고 죽음을 보고 그리고 통곡하는 가족들을 볼 때 세상 삶의 덧없음, 허무함, 그리고 내 욕심에 대한 회의를 느꼈다. 두 주일 너머 병원에 누워 있다가 어느 정도 조심을 하면 일상생활을 할 수 있다는 의사의 허락을 받고 병원에서 퇴원했다. 십여 일 넘게 그대로 두었던 덥수룩한 수염도 조심스럽게 밀고 머리도 감고 상처부위도 재 소독을 하고 붕대를 감았다. 집 내음을 맡으면서 그리고 가족들과 밥을 같이 먹을 수 있다는 소소한 일상생활이 그렇게 큰 행복이라는 진리도 절감했다. 그래서 내가 살아왔던 세상이 다시 내 곁에 다가와 있음을 확인했다.

다음 날 과천 정부종합청사에서 개최된 한 회의에 참석했다. 오랜 기간 준비해 온 이 회의는 우리나라 과학기술계가 안고 있는 현안들을 토의하고 그 대책을 의논하는 회의였다. 참석한 분들은 과학기술뿐만 아니라 사회과학 분야에서도 그 전문성을 인정받고 있는 분들이 많았기 때문에 그 회의만은 꼭 참석하고 싶었다. 만나는 분들 모두 그동안 내가 겪었던 아픔에 대해 위로와 격려를 해 주었다.

오랫동안 병실에서만 지내던 상태라 밖의 세상이 아름답고 향기롭게 보였다. 그러나 회의가 진행되면서 몸은 생각과는 반대로 피곤하고 열이 오르기 시작했다. 아직 완전히 회복되지 못한 몸이 먼저 문제를 일으켰다. 그러나 무엇보다도 회의에서 토론되고 있는 대한민국의 과학기술 상태가 답답하고 힘들어 보였기 때문이었다. 과거를 돌이켜 보면 우리나라 과학기술은 과학기술계에서 일하고 있는 사람들의 덧없는 욕심, 허영심, 명예욕 때문에 찢기고 갈라져서 절뚝거린 적이 한두 번이 아니었다. 과학기술인들의 이런 욕심 때문에 병상에 누워 있는 중환자와 같은 과학기술의 신세를 사회과학 분야에 종사하는 전문가들이 비틀고 꼬집을 때 내 몸은 더욱 고열에 시달리기 시작했다.

그날 회의는 저녁 일곱 시 반에 끝이 났다. 그러나 내 몸은 고열과 피곤함이 중첩되어 있어서 저녁회식에는 참석하지 못하고 집으로 돌아왔다. 문을 여는 순간 큰딸이 내 앞에 서서 온 우주에서 가장 맑고 화사한 미소를 띠고 서 있었다. 이제 한 달 후면 공부하기 위해서 타국으로 갈 짧은 바지 가족이.

남자도 출산을 한다. 잉태를 하고 입덧도 하고 출산의 고통도 겪는다. 그리고 출산 후에는 희열과 자부심과 희망을 얻는다.

짧은 바지 가족의 일원인 딸을 미국으로 보내고 가끔 허공에 이름을 써보고 있는 딸 바보에게 말썽 많은 한국의 별(KSTAR) 건설사업을 맡아 건강한 인공태양 옥동자를 탄생시키라고 부총리께서 요구를 한다. 단번에 내 대답은 "아니요"로 결정되었다. 그러나 절절한 요청이 지속되었다. 나는 대전으로 내려가서 이미 완성된 인공태양의 집으로 들어가서 텅 빈 공간의 한 중앙에 앉아 눈을 감고 오랜 시간 미래의 상황을 그려 보기 시작했다. 어느 순간에 내 마음이 고요해지더니 무서움이 사라졌다. 나는 밖으로 나왔다. 인공태양에 대한 과학기술력이 세계에서 제일 앞선 일본을 넘기 위해 이순신 장군의 거북선 모습을 복사한 우리 인공태양이 살아갈 건물을 다시 쳐다보았다. 독립운동에 포획되어 중국 상해에서 젊어 돌아가신 할아버지의 모습이 그리고 「인류문명과 에너지」 보고서를 작성하고 최우수상을 수상하던 딸의 모습이 그 위에 겹쳐 투영되었다. 서울로 올라와서 인공태양을 순산시키는 일을 맡겠다고 선언했다. 그래서 지금 잔뜩 볼이 부어오른 짧은 바지가족인 어부인 옆에서 대전으로 내려 갈 이삿짐을 꾸리게 된 것이다.

거북선 안에 안착한 나는 출산 준비를 시작했다. 우선 잉태된 인공태양의 건강을 살펴볼 국내외 유능한 의사를 찾아 모았다. 이분들은 인공태양을 건설하는 3년의 세월 동안 태어 날 인공태양을 보살피는 주치의가 되었다. 나는 이 덕분에 잉태된 인공태양의 건강상태를 세밀하게 이해할 수 있었고 부족한 부분은 보완작업을 하였다. 그 후에 우리는 아주 세밀하게 건설 작업 환경, 완성도, 수행절차 확인을 병행하면서 매일 낮과 밤을 불문하고 일하였다.

이런 일들 외에도, 우리 인공태양의 강력한 친구를 만들기 위해 선진국들이 추진하던 세계인공태양건설사업(ITER, 이터) 설립을 돕고 공식 회원국으로 가입하는 작업에 착수하였다. 2005년 말 제주에서 우리가 주최국이 되어 진행한 회의에서 세계 참여국들 간의 이터이행협정이 합의되었고 우리도 국회의 비준을 얻어 마침내 미국, 일본, 유럽연합(EU), 러시아, 중국, 인도와 더불어 이터 건설사업의 공식 회원국이 되었다. 세계 최강의 과학선진국 대열에 당당하게 참여한 것이다.

2006년 11월 파리 엘리제궁에서 열린 이터 공동이행협정 서명식 식장은 화려했다. 그리고 거대한 입구 옆 벽에는 세계지도와 참여국 그리고 그 위에 참여국의 국가가 그려진 큰 그림이 붙어 있었다. 참여국 모두가 거대한 영토를 가지고 있어서 눈에 바로 들어왔다. 그런데 우리나라는 분단된 남한만이 영토로 그려 있어서 단지 태극기 만이 일본 위에 덩그렇게 얹어 있었다. 인구 5천만의 이 작은 나라가 그리고 1945년 해방 이후에 비로소 현대과학을 접했던 대한민국이 세계 거대 강대국들과 어깨를 같이하고 세계 최강 과학기술국으로 참여했다는 사실에 모두 감격하였다.

여러 고난을 겪어 가면서 300명의 우리 연구원들의 피와 땀을 통해서 2007년 4월 드디어 고대하던 우리만의 인공태양은 거북선 안에서 그 빼어난 자태를 들어냈다. 이제 남은 일은 태어난 우리 인공태양의 우렁찬 첫 울음소리를 만드는 일이었다. 첫 울음은 영롱한 첫 플라즈마 파란빛으로 말해야 했다. 그래서 건설완료를 선언하고 바로 시운전팀을 가동해서 운전에 들어갔다

사실 우리는 인공태양을 출산시키는 건설이 가장 힘든 작업으로 생각했었다. 그러나 막상 시운전에 돌입하자 우리의 정

신적인 긴장은 극도로 상승되었다. 우리의 인공태양은 세계에서 어느 나라에도 아직 건설하지 못한 가장 최신의 대형 인공태양이었다. 따라서 세계 어느 기술문헌을 찾아봐도 우리의 인공태양과 비슷한 장치를 운전해 본 기록이 없었다.

우선 맨 처음 해야 하는 작업은 우리 인공태양의 핵심부분을 초진공으로 만드는 작업이었다. 만들어야 할 초진공은 우주 공간의 진공도와 같았다. 그런데 그 진공도를 며칠에 걸쳐서 만들어야 하는지 아무런 정보가 없었다. 너무 빠른 시간에 만들면 인공태양의 내장이 크게 손상될 수 있었다. 그런데 한 부분에서 진공이 파괴되기 시작했다. 마음속에 심한 불안이 증폭되었다. 2개월에 걸쳐 누설지점을 찾고 보수공사를 한 후에 진공테스트는 처음부터 다시 재개되었다. 한 달 후에 원하던 진공은 완전히 생성되었다.

다음 단계인 극저온 냉각 테스트를 바로 시작하였다. 극저온은 인공태양 내부를 섭씨 마이너스 270도로 만드는 과정이다. 북극보다 더 추운 남극의 최저 겨울 온도는 마이너스 90도다. 따라서 어느 시설도 우주 진공 상태에서 이런 극저온을 만들어 본 사례가 없었다. 이 테스트 역시 한 달의 기간을 두고 시행하기로 하였다. 온도가 낮아지면 모든 물체는 수축한다. 그 과정에서 특히 용접부분이 파괴되고 주요 부품들이 뒤틀려 깨질 우려가 컸다. 인도가 이 부분에서 부품들이 깨져 진공과 극저온 달성이 실패해서 애써 지은 인공태양을 고철로 팔았다. 매일 매일 제어실에서 모든 사람들이 극도의 긴장과 불안에 시달렸다. 그리고 다행스럽게 극저온도 달성되었다.

이제 초전도체 자석에 대용량의 전류를 흐르게 하는 작업이 시작되었다. 열이 나서 타거나 냉각된 장치가 뒤틀리면 모든 일이 또 허사가 되는 일이다. 이 테스트 역시 한 달 동안 서서히 진행되었다. 내게 '한 달'이란 새로운 별명이 주어졌다.

이 절차는 예전에 고명한 과학자님들이 우리의 인공태양이 실패할 것으로 확신했던 부분이었다. 긴장이 최고로 치솟기 시작했다. 제어실 옆면에는 '배수진'이라는 현수막이 걸렸다. 이제 잘못되면 많은 사람들과 언론이 '그것 봐라'하고 손가락질을 할 것이다. 사소한 문제가 있었지만 한 달 후에 전자석은 살아나기 시작했다. 이제 우리의 인공태양은 마지막 단계만 남겨두게 되었다.

그러는 사이에 내 몸은 이상증세를 보였다. 아침에 일어나서 세수를 하려고 거울을 보니 입이 비틀어져 있고 말을 할 수가 없었다. 병원에 전화하니 구안와사라는 병인데 잘못하면 죽을 수 있다고 당장 병원으로 오라고 한다. 의사는 뇌혈관이 막혀 안면근육이 뒤틀리면 위험하다고 하면서 병원 오는 도중에 유서를 써 놓으라고 한다. 두 번째 유서 강론이다. MRI 촬영 결과 뇌혈관은 이상이 없다는 판정을 받았다. 병원의 전기침 자극치료와 생전 처음으로 대전 한방병원에 가서 대못침을 맞으면서 치료를 시작했다. 의사들은 이 치료를 완벽하게 받지 않으면 일생 내내 구안와사라는 친구가 자주 찾아올 것이라고 엄포를 놓았다. 나는 뒤틀린 내 입 주변의 근육 결을 집어 가면서 정성을 다해 전기자극을 주어 신경을 일깨우던 우리 병원의 젊은 의사를 잊을 수가 없다.

나중에 안 사실은 나 말고도 몇 명의 우리 연구원들이 스트레스성 장꼬임으로 병원에 실려 갔다고 한다. 그럼에도 불구하고 우리 인공태양의 출생테스트는 계속 진행되었다.

나는 마스크를 쓴 채로 제어실에 앉아 우리 인공태양의 중심부 온도를 올리는 작업에 돌입했다. 우리는 진공도 만들었고 초전도 자석도 가동시켰기 때문에 온도를 올려 플라즈마를 만드는 일이 실패할 것으로는 전혀 생각하지 않았다.

그러나 온도는 전혀 오르지 않았고 플라즈마는 그림자도 보여주지 않았다. 예전 몇 분의 국내 과학자들이 결정적으로 우리 인공태양이 실패할 것으로 지목한 부분이었다. 입이 마르고 구안와사는 더 기승을 부리고 '배수진' 현수막은 확대되어 내 몸을 감았다.

우선 나부터 냉정함을 유지하는 것이 급선무였다. 그리고 이 일에 참여한 연구원들에게 플라즈마 생성이 실패한 이유를 쓰도록 하고 그에 대한 대응책을 만들어 우리 인공태양의 고고한 울음소리를 기다렸다. 열흘의 시간이 훌쩍 지나갔다. 태어난 우리 인공태양의 울음은 어디에도 없었다. 모두 긴장의 상태에서 절망의 상태로 표정이 변화되었다. 3천억 이상의 돈을 들이고 13년의 세월을 거쳐 태어난 우리 인공태양이 '응애'하고 울지 못 하고 침묵만 지키고 있는 모습은 중환자실에서 인공호흡기를 달고 있는 아픈 아기와 같았다.

나는 사무실로 돌아왔다. 앞 잔디밭의 금송이 미소를 짓고 나를 바라본다. 나도 같이 웃었다. 그때 다급한 발소리가 들리고 누가 내게 외쳤다. "소장님 플라즈마가 나왔어요"

나는 이틀 후 대전에서 짐을 쌌다. 서울로 올라가는 짐이다. 또 내가 우리 인공태양의 첫 울음소리를 어렵게 만들어 가고 있던 그 와중에 5월의 여왕처럼 내게 다가와 결혼식을 올린 내 딸과 새롭게 짧은 바지가족이 된 사위를 만나 볼 준비다(이렇게 어렵게 태어난 우리 인공태양은 2019년 2월 운전 10주년 기념식을 거행했었다. 플라즈마 온도도 6천만 도에서 1억 도로 올라갔다. 그리고 그렇게 만들기 어려웠던 플라즈마도 실험자의 요구에 따라 하루에 20~30번 쉽게 만들어 낸다. 세계가 찬사를 보내고 있다).

따지다보니 인공지능

조 만

목이 말라 자신이 마시려고 산 것 같은 '티.오.피.' 냉커피 캔을 불쑥 내민다. 청량리 전철역까지 갔다가 우리 전문연구위원 연구실이 있는 홍릉까지 다시 온 것이다. 2017년 4월 한국과학기술정보연구원 전문연구위원으로 계시는 김 박사에게 도움받으려고 왔다가 실망하고 돌아가는 길에 내가 이야기라도 들어보자고 한다는 김 박사의 연락을 받고 되돌아온 것이다. 소탈한 인상에 꾸밈은 없는 사람처럼 보였다.
　리튬이온 배터리 팩과 배터리 관리 시스템을 만들고 있는 벤처기업의 상무라고 했다. 태양전지나 풍력발전기용 전력 저장 장치용 배터리 팩 관리 시스템도 판매하고 있다고 했다. 전동스쿠터나 전동오토바이에 사용하는 수십에서 수백 개의 리튬이온배터리를 묶은 배터리 팩을 만들어 판다고도 했다. 배터리의 수명을 미리 알 수 있는 방법을 찾는다고 했다. 배터리 자동차도 그렇고 전동스쿠터도 가다가 갑자기 서면 큰일 나기 때문에 중요하다고 했다. 배터리전력 저장 장치도 마찬가지란다.

"험하게 운전하는 사람의 자동차는 고장도 잘나고 수명도 짧겠지요. 그러나 요사이 자동차는 개발된 뒤 100년 이상 되는 동안 개량이 경쟁적으로 쌓여 부품만 교환하면 오래 탈 수 있게 되어 있지요. 내 차는 23년째 타고 있어요. 아무래도 불안하여 카센터에 자주 가는 편이기는 하지요."

"리튬이온배터리를 쓰는 전기자동차는 어떨까요?"

"운전을 험하게 한다는 것은 급가속 급브레이크를 습관적으로 너무 자주 사용해요. 납북 제한한 데에는 급속 방전 급속 충전, 그것도 과격하게 한다는 것이 되니 배터리 수명은 아주 짧아지겠지요. 배터리 팩 구성부품의 교환은 자동찻값의 절반은 내야하니 부품교환이란 말도 안 되지요. 배터리 전기자동차는 아직 개발의 역사가 짧아 이에 대한 충분한 내구성을 갖추지는 못했겠지요."

상무는 이해가 안 된다는 표정이다.

"급속 충전이라니요. 충전은 정지 상태에서 하는 것 아닙니까?"

"한 번 충전으로 갈 수 있는 주행거리를 늘리기 위해 배터리 전기자동차는 회생 브레이크 기술을 채용하고 있습니다. 감속할 때 주행 모터 회전수가 줄면 발전기가 되어 배터리에 충전하는 기술이지요. 그러기 때문에 급제동은 바로 급속충전이 되지요."

상무의 눈에 눈물이 고인다.

"박사님 감사합니다. 바로 그것이면 됩니다. 대학교수 등 여러 전문가들에게 여쭈어 보았는데 그렇게 꼭 집어 쉽게 설명해 주시는 분은 처음입니다."

내가 설명을 쉽게 한다는 것은 나도 평생 처음 듣는 말인지라 어색하고 어리둥절했지만, 하여간 자료를 찾아보겠노라 하고 돌려보냈다.

이 짧은 대화가 여든세 살 나이에 나를 인공지능기술과 인연을 맺게 해 주었고, 우리 벤처기업이 리튬이온배터리의 수명예측에 인공지능 기술을 접목하여 특허를 받게 해 주었다. 한국과학기술정보연구원이 주관하고 있는 고경력 과학기술자 활용지원프로그램(RESEAT)의 중소기업 기술 멘토링 개별관심기술 사업의 하나로 선정되어 6개월간 수행했다. 과제명은

「전기자동차용 리튬이온 이차전지 열화메커니즘과 수명예측」이다. 기술지도 명목으로 정부가 500만 원, 기업이 100만 원을 내게 주는 사업이다.

「운전자의 주행습관이 배터리 수명에 미치는 영향」조사로부터 시작했다. 벤처기업이 꾸며준 팀 멤버는 대기업에서 전직한 데이터 과학 박사, 캐나다에서 훈련된 컴퓨터 프로그래머, 사업지원자 및 앞서의 상무 그리고 기업의 대표다. 다른 배터리 관리시스템 제조기업의 대표도 함께했다.

아침 8시 반경에 커피를 마시며 시작하고 점심을 함께하며 마무리 했다. 대개 오후 2시경에 헤어졌다. 내가 하는 일은 한 달에 두 번 격주로, 4시간 정도 내가 찾아 낸 과학기술자료를 파워포인트(ppt) 발표 자료로 만들어 그들에게 설명하고 질문을 받으며 협의하는 것이다. 전 세계 최신과학기술정보의 한국 허브인 한국과학기술정보연구원의 전문연구위원 타이틀은 자료수집에 큰 역할을 했다.

나의 발표와 협의내용은 회사 내의 관련 부서 직원들 모두가 영상으로 보고 있고, 녹화되어 반복 공부하고 있다고 했다. 리튬이온배터리의 구조와 작동원리, 성능열화메커니즘 그리고 운전자의 주행패턴과 기온-습도 등 작동환경이 열화에 미치는 영향 등 최신과학기술 자료는 많았다. 10개에서 15개의 자료를 자세히 읽어보고 요약하고 그 가운데서 유용하다고 생각하는 자료는 함께 검토했다. 전 세계적으로 경쟁이 치열한 분야이니 그들은 처음부터 특허출원을 의식하고 있었다. 내가 소개하는 최신과학기술정보를 탐욕스럽게 섭취했다.

어미를 목마르게 기다리는 굶주린 아기 새들처럼 다음 만남의 시간까지 그들 나름으로는 정리하고 내가 가져다줄 새로운 먹이를 기다리고 있다. 우리나라 중소기업들은 다들 절실하게 새로운 사업아이템을 찾고 있다. 그 처절한 전쟁터에 내가 놓여 있다. 2017년 9월 발명자의 첫 번째 자리에 내 이름을 올려준 「운전습관을 고려한 배터리 수명 예측방법 및 그 장치」의 특허출원을 마치고 난 뒤, 누구 입에서인가 인공지능 기술을 써보면 어떤가하는 이야기가 나왔다.

생각해보면 이것은 자연스러운 흐름이다. 우편봉투에 볼펜으로 쓰인 주소, 인파속에서 범인을 찾는 것, 가고 있는 자동차 앞길에 사람이나 장애물이 있는가를 신속하게 알아내야 하는 자율주행 자동차, 몸속 암 조직을 식별해 내는 영상의학 분야 같은 것에서 큰 성공을 거두고 있는 것이 심층학습 인공지능 기술이다. 그림 속의 차이를 잘 찾아낸다는 것이다. 배터리가 다 되었는가를 알기 위해 플러스극과 마이너스극 사이의 단자전압을 재는 것을 보기도 했고 직접 해보기도 한다. 널리 사용되고 있는 건전지는 출력전압이 일정하여 이 값이 안 나오면 나갔다고 판단하여 폐기한다. 그러나 리튬이온배터리와 같이 충전하여 재사용하는 2차 전지들은 남아있는 전기량, 다시 말해 충전량에 따라 단자전업에 차이가 나는 것이 많다. 여러 단계의 충전량에 따른 단자전압을 측정하여 커브를 그릴 수 있다. 반대로 전압을 재어 충전량을 알기도 한다.

수명이 다된 배터리의 커브와 새것의 커브 모양이 다르면 커브 모양이 어떻게 변화하였을 때가 수명에 가까워졌다는 것을 알 수 있을 것이다. 이 커브의 모양 변화를 인공지능기법으로 찾아내면 수명을 예측할 수 있게 된다. 이 기업이 제작·판매하고 있는 배터리 관리 시스템의 출력에는 작동시의 개별 배터리 전압과 전류가 측정되고 제시된다. 충전량도 함께 측정한 데이터가 나온다. 이것으로 충전량에 따르는 단자전압 커브를 얻을 수 있다.

이 충전량-단자전압 커브는 배터리의 구성요소별 변화에 민감하게 반응한다는 것을 실험적으로 밝힌 2017년의 과학기술 자료를 찾아냈다. 면밀하게 분석하고 토의했다. 예를 들면, 리튬이온배터리는 리튬이온이 애노드와 캐소드 사이를 왕복하면서 충전과 방전을 반복하는 전력저장 장치이다. 충전은 리튬이온이 마이너스 극인 캐소드에서 나와 플러스극인 카본

애노드 결정 속으로 확산하여 들어가게 하는 과정인데, 급속충전은 보내져 오는 리튬이온이 애노드 속으로 미처 들어가지 못한 상태에서 다음 리튬이온이 밀려오니까 애노드 표면에 축적되어 리튬금속이 되어버린다. 왕복해야 할 리튬이온 수를 없앤 것이다. 애노드 결정 속으로의 확산속도는 추운 곳에서는 느려져 더욱더 나빠진다. 주변온도가 낮을수록 충전은 천천히 해야 한다. 이런 상태의 변화를 실험을 통하여 충전량-단자전압 커브로 만들었다. 리튬이온 개수의 감소, 애노드와 캐소드와 같은 주요 구성요소별로 구조열화가 충전량-단자전압 커브에서 어떻게 나타나는가를 실험적으로 밝힌 세계 최초보고서다. 이론 보고서는 여럿 있었으나 실험보고서는 이것이 처음이 된다.

　이 인공지능기술에는 소위 빅데이터가 있어야 한다. 이 기업은 배터리 자동차 메이커도 아니고 배터리 제조사도 아니니 배터리 운전 상태는 고사하고 주행이력도 모을 수가 없다. 더욱이 배터리 관리 시스템 판매대수도 작으니 운전이력도 매우 작다. 소위 사생활보호법에 의하여 개인자동차별 주행기록을 취득할 수 없을 뿐만 아니라 누적 주행거리와 구간의 운전환경도 기록으로 취득할 수가 없다.
　피부암이나 유방암 환자가 많아도 빅데이터를 채울 만큼 엄청 난 수의 환자가 있는 것이 아니다. 여러 인공지능 적용분야에서 빅데이터를 모을 수 없는 문제가 발생한다.

　2016년과 2017년의 방사선진흥협회 강연을 준비하면서 의료영상분야에서 이 문제를 해결한 전이학습이란 인공지능기법을 알고 있었던 터라 비슷한 커브를 보이는 것들로 학습시킨 인공지능 프로그램에 우리의 충전량-단자전압 커브를 읽히는 방법을 논의했다.

　이 인공지능기법은 커브로 성능을 나타내고 커브모양의 차이로 수명과 같은 성능변화를 예측할 수 있는 모든 과학기술분야에 적용할 수 있다. 사회과학기술 분야에도 가능할 것이다. 2017년 11월 7일 발명자의 첫 번째 자리에 내 이름이 기재된「배터리 수명 예측과 그 장치」특허출원이 이루어졌고 2019년 2월 12일, 우리나이로 여든 다섯 내 생일날에 특허증이 나왔다. 이 얼마나 멋진 현역 노인인가. 물론 우리 벤처기업 팀의 성과물이다.

　　창조는 짜깁기, 편집이다!
　　왜 인공지능 기술을 써보자는 아이디어가 나왔을까?
　　우리나라는 인공지능 후진국인가?
　　따지다 보니 새로운 인공기술이 만들어졌다!

불쌍하고 아픈 사람들에게
도움을 줄 수 있다면

김 재 록

사람은 누구나 건강하게 장수하기를 원하지만 불행히도 질병 때문에 오랫동안 고생하는 사람들도 많다. 의료기술을 발전시켜 병든 불쌍한 사람들에게 도움을 줄 수 있다면 그것은 보람 있는 일이라고 생각한다.

나는 의료에 쓰이는 방사성동위원소(동위원소; 원자번호는 같으나 원자질량이 다른 원소, 방사성동위원소; 동위원소 중 방사선을 내는 것, 원소: 모든 물질을 만드는 기본요소) 화합물(두 가지 이상의 원소가 결합해 만든 화학물질)인 방사성의약품(방사선을 내는 의약품)을 개발해 국내 의료기관에 보급하여 병고에 시달리는 사람들을 돕고 싶었다.

　연구소 초창기에는 기초 학술연구 과제를 수행해 얻은 결과를 학술회의에서 발표하기도 했으나 점차 연구소의 과제선정 기준은 기초연구나 기술개발 방향으로 바뀌어갔다.

　학생시절 화학을 좋아했다. 1961년부터 방사선을 내는 방사성동위원소 생산 개발과 의료적으로 가치 있는 물질에 방사성동위원소를 붙이는 방법으로 방사성의약품 개발에 힘썼다. 방사성동위원소의 생산·이용·취급 기술에 관한 교육을 받고나서 방사성동위원소 취급 면허시험을 치러 국가면허증을 받기도 했다.

　내가 가장 많이 다룬 방사성동위원소는 ^{99m}Tc(테크네슘: 원소 주기율표의 43번 원소, 99: 원자 질량 수, m: 준안정 상태 표시, 안정하지 않아 방사선을 냄)이었다. 이것이 진단용으로 적합한 이유는 반감기(방사선이 절반으로 줄어드는 시간)가 6시간이고 측정하기에 알맞은 한 가지 에너지의 감마선(원자핵에서 나오는 전자기파의 한 가지)만 냄으로 사람 몸 안에 넣더라도 건강에 미칠 영향이 적고 몸 밖에서 방사선 사진을 쉽게 얻을 수 있기 때문이다.

　방사성의약품이라는 용어 자체가 일반약품과의 차이를 말

해주고 있다. 특수 의약품이어서 일반약국에서는 판매되지 않는다. 의료기관에서도 이른바 「핵의학과」에서만 이것을 이용해 진료할 수 있다. 방사성의약품은 몸 밖에서도 계속 방사선을 내며 점차 방사선이 없어짐으로 그 보존기간이 짧아 보관해 두고 사용할 수 없다. 진단하려면 환자에게 먹이거나 정맥주사를 주지만 그 양은 방사능 기준이지 물질의 양 기준이 아니다.

취급하는 의료진(의사, 간호사 등)도 취급면허를 받았거나 받은 사람의 감독을 받는 조건으로 허가된 장소에서만 취급하도록 제한된다. 방사성물질은 방사선을 냄으로 원자력관련 법규에 따른 여러 안전규정을 지키면서 이용해야 한다.

방사성의약품은 진단용과 치료용으로 나뉜다. 지금까지 많이 이용되는 것은 주로 진단용이며 치료용은 극소수 품목이 알려져 있을 뿐 아직까지 많이 개발되지 못하였다.

방사성동위원소인 ^{99m}Tc을 어느 특정 물질분자에 붙여서 방사성의약품을 만들어야 한다. 테크네슘은 수용액에서 원자가가 대부분 +7인데 이것을 환원(+원자가 줄이기)해야 바라는 물질분자에 붙일 수 있다. 이를 위해 흔히 쓰는 약품은 2염화주석인데 이것이 산소와 닿으면 자신이 산화되면서 테크네슘 +7가를 환원하지 못 해 ^{99m}Tc이 바라는 분자와 결합하지 못

하고 그대로 남게 된다. 반응하지 못한 ^{99m}Tc이 몸 안에 들어가면 갑상선, 위장 등에 모여 원래 의도한 병소(병이 생긴 몸 부위)나 장기에 대한 선명한 방사선사진을 얻지 못 하게 된다.

^{99m}Tc 방사성의약품 개발은 공기가 없는 달나라에 가서 개발·제조하면 좋을 것 같았다. ^{99m}Tc의 방사성의약품을 개발하는 동안 나는 산소를 숨 쉬면서도 산소를 미워했고 결코 산소의 존재를 고마워할 수 없었다. 물론 공기 대신 질소를 채워 넣은 상자 안에 손을 넣고 다루었지만 나도 모르는 사이에 공기가 새어 들어올 수 있고 사용하기도 불편했다. 마치 요즘처럼 미세먼지 많은 날 마스크를 하고 외출해도 미세먼지가 새어 들거나 잠깐씩 마스크를 비집고 이야기하는 동안 나도 모르게 미세먼지를 조금씩 마실 수밖에 없는 것과 비슷하다는 느낌이 들었다.

1980년대 초 ^{99m}Tc 방사성의약품 개발 초기의 생산품인 뼈 질환 진단용 엠디피-^{99m}Tc의 생물학적 품질관리(실험동물을 이용하여 약품 품질을 관리하는 방법)를 통해 얻은 결과로는 우리나라 약전(의약품 품질 유지를 위해 국가가 정한 규격서)에 적혀있는 방사성의약품 품질기준을 충분히 만족시켰다. 당시 원자력병원 연구개발 부서인 핵의학과는 상시 협력체제를 유지하며 동위원소실의 개발품을 우선적으로 공급해 사용하도록 했다. 핵의학과와 협의하여 개발당사자인 내가 자발적으로 정맥주사를 맞아 개발된 엠디피-^{99m}Tc의 안전성 시범에 앞장섰다. 개발당사자인 내가 맨 먼저 자원해 주사를 맞아 개발된 약품의 안전성을 증명해 보이겠다고 적극적으로 요청했었다.

대중식당 주인이 손님 앞에서 식당음식을 먹거나 자기 아이에게 먹여 안전한 식품임을 시범하는 것과 비슷한 발상이었다. 그때 핵의학과 전문의가 직접 주사했는데 그 결과 아무런 부작용도 없었다.

방사성의약품의 체내 주사량은 방사능 기준이어서 부피로는 흔히 1밀리리터 이하이니 매우 적은 양이다. 따라서 몸속에 들어가는 화학적 양도 극히 적은 양이다. 그런 적은 양을 주사함으로 일반약품에 비해 상대적으로 부작용 발생확률이 낮다는 사실도 방사성의약품의 장점의 하나임을 확인시킨 셈이었다.

엠디피-^{99m}Tc라는 방사성의약품은 뼈 친화성 화합물인 '엠디피'에 방사성동위원소인 ^{99m}Tc을 붙인 것이다. 테크네슘은 43번 원소로써 그 안정동위원소는 자연계에 없고 방사성 테크네슘으로만 극히 적은 양이 있을 뿐이다. 이 원소에 대해 '기술을 통해 인공적으로 만들어졌다'는 의미로 '테크네슘'이라고 이름 붙였다.

^{99m}Tc은 진단목적으로 이용되는 대표적인 의료용 방사성동위원소이며 조건에 따라 여러 가지 화합물과 결합할 수 있고 ^{99m}Tc 발생기 형태로도 구입할 수 있어서 이용하기 편하다는 고유장점이 있다.

내가 개발한 ^{99m}Tc 방사성의약품은 10여 종이나 되지만 자주 이용되는 품목은 엠디피–^{99m}Tc를 비롯해 몇 가지뿐이다. 대부분 희귀질환의 연구나 진단에 이용되기 때문에 잦은 이용 횟수에 가치를 둘 수도 있지만 의학연구나 의료기술 발전에 얼마나 보탬이 되느냐가 더 중요하다고 할 수 있다.

방사선이 나오는 약품을 도대체 어쩌려고 사람 몸 안에 넣을까. 사람 몸에 넣어도 괜찮을까? 어쩔 수 없이 사람 몸이 오염되었거나 방사성물질이 몸 안에 들어갔다면 빨리 빼내야 하는 것 아닌가?

몸 안에 방사성물질을 주사해 넣는다는 이야기를 처음 듣는 사람들은 매우 놀란다. 그런데 방사선이 몸 표면이나 몸 안을 오염시키는 것과 방사성의약품을 일부러 몸 안에 넣는 것은 다르다. 방사성의약품은 병을 고치기 위해 의도적으로 넣는 것이고 피부나 몸 안에 일어난 방사성오염은 의도하지 않은 것이란 점에서 다르다. 의도하지 않은 오염은 가능한 빨리 제거해야 한다. 이와 달리 환자는 방사성의약품을 이용해 정확한 진단 혜택을 받으려고 몸 안에 넣는 것이다. 방사선을 받는 양이 많지 않다면 그 혜택이나 이득은 방사선에 의한 손해보다 크다. 실제로 위험 한도량보다 훨씬 적은 양의 방사선을 받을 경우에 피해는 매우 작다.

방사성의약품의 종류나 쓰이는 방법에 따라 사람 몸에 넣어 이용할 수 있는 권고량이 정해져 있다. 비방사능(의약품의 그램당 방사능)이 큰 것이 질 좋은 방사성의약품이다.

방사선은 나오지만 그 방사선을 내는 물질의 양은 무시되리만큼 적어야 하기 때문이다. 다른 여러 요인들이 변하지 않는 조건에서 높은 비방사능을 갖는 방사성동위원소를 생산하려면 연구용원자로의 중성자다발밀도(시간 당 단위 넓이, 당의 중성자 투과 수)가 커야 하는데 그러려면 아무래도 원자로가 어느 정도 커야 한다. 그러한 연구용원자로가 적어도 두 기가 있다면 한 쪽 연구용원자로가 가동을 멈췄을 때 다른 것을 가동해 쓸 수 있게 되므로 방사성동위원소나 방사성의약품 생산도 중단 없이 지속될 수 있을 것이다. 그런데 그러려면 운영비가 많이 든다는 것이 어려운 점이다. 결국 나라의 재정상태가 좋아야 연구용원자로를 2기 이상 지어서 운영할 수 있을 것이다.

당연히 경제적으로 부강해야 국민도 방사성의약품의 혜택을 누릴 수 있다.

학교 동기생들과는 요즘도 가끔 만난다. 모두 80대 중반의 노인들이다. 만나면 누구는 몸의 어느 부위가 안 좋다, 누구는 무엇 때문에 어딜 수술했다는 등 건강관련 이야기를 많이 나눈다. L친구는 소화기가 안 좋고 전립선 비대증이 심했다는 말에 이어 실제는 비대증만이 아니라 암 초기로 진단돼 두 달 전에 수술 받았다고 했다. 그래서 모두들 "어떻게 아팠느냐?", "어떻게 알고 병원에 갔느냐?" 등을 물었는데 "감기 때문에 아스피린을 먹었는데 하체가 따끔거렸다"고 했다. "그래? 그럼 나도 감기 걸리면 아스피린을 먹어 봐야겠는 걸!" 하면서 모두들 고개를 갸우뚱거렸다. 그는 병원에서 여러 검사를 받았고 초음파 검사로 암을 최종 확진 받은 다음 수술로 치료될 수 있는지를 확인하기 위해 특수 약을 주사 맞고 온 몸 뼈 사진을 찍어 전이된 암이 없음을 확인받고 나서야 수술을 받았다고 했다.

나는 그 이야기를 듣자마자 "그 '특수 약'이라는 것은 방사선이 나오는 '방사성의약품'이야. 그 약은 신약이 아니고 오래 전부터 쓰이는 유명한 방사성의약품의 하나여서 내가 국산화 개발해 보급한 것이고 지금도 일부 외국산을 수입하기도 하지.

핵의학 분야에서는 진단용에 대해서도 모두 '방사성의약품'이라고 하지!"라고 했다. 그는 수술이 잘 되고 경과가 좋아 퇴원했다면서 내 이야기에 흥미를 보였다. 동기생들 모임 때마다 만났는데 이제는 완쾌되어 건강하다면서 나와는 더 친해졌다.

여러 번 따로 만나면서 방사성의약품과 방사선 이용의 안전성 등에 대해 더 많이 이야기했다. 그는 "지금 나는 우리나라의 발전된 방사선 의료기술 덕분에 덤으로 살아가는 인생이니 우리 좀 더 자주 만나고 친하게 지내자"며 "좋은 이야기 많이 해주어 고맙다"고 했다.

사실 '엠디피-^{99m}Tc'라는 방사성의약품은 내가 개발한 10여 종의 ^{99m}Tc의약품 중에서 가장 쓸모 있는 품목이다. 어떤 암이든지 발견·치료가 늦어져 말기 암이 되면 흔히 뼈에까지 전이되는 경향이 있는데 '엠디피-^{99m}Tc'가 바로 '뼈 전이 암'을 찾아내는 데에 쓰이기 때문이다. 수요가 많아 인기품목인 것이다.

방사성의약품을 이용한 진단에서는 방사성의약품을 정맥에 주사하고 몸 밖에서 방사선을 측정해 측정값들을 전산처리해 재구성한 방사선 사진을 얻고 그 사진을 보고 진단한다.

몸 안에 들어간 방사성의약품이 진단하려는 특정 장기나 암

부위에 특이하게 모이는 성질을 이용한다. 이 때 환자는 몸에 적은 양의 방사선을 받지만 별다른 느낌이나 신체적 영향을 받지 않으므로 이 방법은 환자의 상태를 알아내 치료효과를 판정하는 데에 매우 긴요한 진단수단이다. 급·만성 뼈 관절의 진단은 물론이고 위암, 폐암, 유방암, 전립선암 등 여러 부위의 암이 전이되었는지를 빨리 진단해 치료방침을 세우는 데에 이 진단기술이 결정적 도움을 줌으로 매우 많이 이용된다. 2008년 한 해 동안 무려 56만 건에 달하는 방사선 사진검사(핵의학 검사) 가운데 95%(53만 건)가 ^{99m}Tc을 이용한 검사였다.

연구용원자로는 중성자를 이용하기 위해 가동하는 큰 원자력시설이며 그 안전운영에는 상당한 비용이 든다. 우리나라는 다목적 연구용 원자로인 「하나로」를 운영하고 있다. 핵연료 안전성 시험(핵연료가 원자로 안에서 파손되지 않음을 시험하기), 중성자물리·물성연구(중성자 쪼임에 따른 물질의 성질변화 연구), 원자로 재료시험(원자로에 쓰이는 여러 자료들의 중성자 쪼임에 따른 변화 시험하기), 중성자 방사화 분석(시료에 중성자를 쪼여 방사능을 띠게 하고 그 방사선의 에너지와 양을 측정해 시료에 들어있는 원소와 양을 알아내는 미량분석법), 방사성동위원소 생산(흔히, 방사선을 내지 않는 원소에 중성자를 쪼여 방사선을 내는 원소를 만들기), 실리

콘 변환 도핑(중성자를 쪼여 품질 좋은 규소 반도체 만들기) 등에 이용됨으로 이 원자로는 말 그대로 다목적으로 이용되고 있다.

그런데 다목적으로 여러 분야가 함께 이용한다는 것이 장점일 수도 있으나 단점(또는 제한점)도 있다. 어느 한 분야에서 한꺼번에 여러 개 쪼여야 할 필요가 있을 때 다른 분야 이용 때문에 같은 시간에 함께 쪼이지 못 할 수 있다. 또한 매우 높은 중성자 다발밀도(단위시간 당 단위넓이 당 지나가는 중성자 수)로 쪼여야 하는데 이미 다른 시료가 해당 조사 공(쪼임 구멍)을 쓰고 있으면 그 조사 공을 더 이상 쓸 수가 없다. 이런 경우 중성자 이용의 경제 효과를 따져 우선순위를 정할 수밖에 없는데 그것이 결코 쉽지 않다. 따라서 중성자 이용 연구가 활발한 선진국에서는 작은 연구용원자로 가동만으로는 그 이용수요를 충분히 만족시킬 수 없어 중간정도나 큰 연구용원자로를 건설해 운용한다. 그렇게 되면 중성자다발밀도가 높은 조사 공도 많이 설치할 수 있어서 여러 시료를 원하는 곳에 넣어 중성자를 쪼일 수 있는 여유가 생긴다.

그런데 원자로가 크면 역시 운영비도 더 많이 듦으로 무조건 큰 연구용원자로를 운영하는 것도 적절한 방법은 아니다.

2009년 5월 우리나라 의료분야에서 ^{99m}Tc 동위원소가 부족해 암 환자진료에 차질이 생기는 등 큰 혼란이 일어났었다. ^{99m}Tc의 원료인 몰리브덴(^{99}Mo)의 전 세계 공급량의 40%를 차지하는 캐나다의 연구용원자로가 2009년 5월부터 가동을 멈춘데 이어 25%를 생산·공급하던 네덜란드 연구용 원자로마저 2010년 3월 점검을 위해 미리 가동을 멈추면서 몰리브덴(^{99}Mo)의 세계적 품귀현상이 벌어졌었다. 우리나라에서도 2009년 하반기에 여러 대학병원들이 방사성의약품 이용진료를 최대 70%까지 줄이는 사태가 벌어졌었고 미국에서도 방사성의약품 이용 진료건수가 20%대로 곤두박질쳤다. 일본 핵의학계도 큰 혼란에 빠졌다.

다행히 국내 S업체가 ^{99m}Tc 발생기를 개발해, 방사성동위원소 수입업체들도 벨기에, 남아공, 호주 등으로 수입상대 회사들을 늘렸고, 또 같은 해 10월부터 한국원자력연구원이 「하나로」를 이용해 ^{99m}Tc을 최대한으로 생산·공급했던 덕분에 가까스로 위기를 넘겼다. 그런데 지금도 어느 정도 불안한 상황은 계속되고 있다.

세계적으로 의료용 방사성동위원소를 상업적으로 생산하는 나라들은 캐나다, 네덜란드, 벨기에, 프랑스, 남아공 등 일부 국가들인데 이 나라들이 운영 중인 연구용원자로들은 대부분 40년 이상 되어 보수하려고 가동을 멈추는 일이 잦아지고 있다. 이들 낡은 원자로들의 수명 연장이나 폐쇄가 논의 되는 등 순조로운 생산을 기대하기 어렵고 상황이 더 악화될 우려도 있다.

한편, 우리나라 연구용원자로「하나로」는 당초부터 다목적 용도로 설계되었기 때문에 다른 분야 이용을 밀쳐내고 의료용 방사성동위원소 생산만 할 수는 없다.

방사성동위원소의 공급불안 상황이 가격상승으로 이어져 실제로 2010년부터 세계시장 가격이 종전보다 2배 이상 오르는 등 문제가 심각해지고 있다.

국내 의료계는 물론 수입업계에서도 의료용 방사성동위원소를 안정적으로 공급할 수 있는 효과적 방안으로 방사성동위원소 생산전용 원자로(방사성동위원소 생산만을 위해 쓰는 원자로) 건설 등 국가적 대책이 필요하다고 밝혔다. 생산전용 원자로가 없는 우리나라로서는 외국의 원자로에 문제가 생기거나 글로벌 대기업이 전횡적 행위를 할 때마다 방사성동위원소의 품귀현상이 일어나 가격상승과 진료차질에 따른 혼란이 생길 가능성이 있는데 이런 일이 더 이상 반복되어서는 안 된다는 것이 한결같은 의견이다.

방사성동위원소를 의료적으로 이용하는 핵의학분야 학술단

체인 대한핵의학회 측은 '우리나라에서도 방사성동위원소 생산전용 원자로를 건설·운용하며 동위원소 생산 이용의 주권을 국제적으로 확보했으면 좋겠다.' '핵의학 분야의 연구개발 능력 향상이 곧 국민 의료기술 향상의 지름길임으로 방사성동위원소의 수입 의존에서 벗어나 수출까지 하는 등 국민 의료복지에 큰 몫을 하게 해야 한다.'

'동위원소 생산 전용 원자로 등 연구용원자로가 해군 함대처럼 줄줄이 늘어서 있어야 연구용원자로 수출을 이어가는 데에도 도움이 된다.' 등 여러 의견을 내 놓았다.

우리는 어느 덧 방사성의약품이 있어야 안심하고 편안히 지낼 수 있는 세상에 살고 있다.

김법린 박사의 당부

정근모

　미국이 어떻게 20세기 초일류 국가가 되어 전 세계를 이끌고 과학기술 경제를 개척하여 저개발 국가들을 도와줄 수 있는 능력을 발휘하는지 그 비결을 알아오라는 김법린 박사님의 당부를 잊지 않고 있었다. 나는 미국의 박사과정, 박사후 과정, 연구과정뿐만 아니라 교수들의 생활, 과학행정 관료들과 미국을 움직이는 지도자들의 생활을 기회가 되면 사교 활동 등을 통하여 유심히 관찰하였다. 하버드 대학에서의 연구논문이 당시 USAID(미국의 국제개발처, 대외원조실시기관) 처장이었던 헤나(Hannah) 박사의 권고에 따라 '한국에 응용과학 및 공학전문대학 설립안'이라는 이름의 사업제안서로 바뀌어 한국과학원(

현 KAIST) 설립에 단초를 제공할 수 있었던 것은 김 박사의 당부에 대한 축복의 응답이 되었다.

한국과학원이 1971년 2월 16일에 정식으로 출범한 후, 첫 번째 부설 연구기관으로 과학기술사회(STS)연구실을 만들었다. 내 생각에는 연구능력을 갖추고 있는 이공계 박사학위 소지자의 84%가 근무하고 있는 대학의 연구기능을 활성화하는 것이 한국의 과학기술계가 해결해야 할 도전이라고 여겼던 것이다. 그 당시에 우리나라에는 이런 연구를 할 수 있는 연구비가 없었으나 다행히도 캐나다 정부의 국제개발센터(IDRC)가 장기 연구자금을 지원하여 10개국 개발도상 국가는 각각 연구팀을 조직하고 네트워크를 구축하여 과학기술 입국을 위한 정책수단을 연구 개발한다는 국제연구사업(STPI)이 추진되었는데 이것은 우리에게 둘도 없는 기회가 된 것이다.

물론 이전에 영국 서섹스(Sussex) 대학의 과학정책연구소(SPRU)에서는 찰스 프리먼 교수와 제프리 올덤 교수를 중심으로 개발도상 국가들이 어떻게 해야 과학기술을 통해 경제발전을 이룰 수 있는가를 연구하고 있었고, 미주 지역의 개발을 촉진시키기 위해 구성된 아메리카 국가연합기구(OAS)에서는 과학기술정책연구에 큰 관심을 갖고 맥시모 할티(Maximo Halty) 박사를 중심으로 젊은 과학 기술정책 연구자들의 팀웍이 이루어지고 있었다. 따라서 STPI 연구사업이 출범하면서 자연스럽게 국제연구 사업의 중심역할을 수행하게 되었다.

과학원의 과학기술사회연구실이 주축이 된 한국 STPI 연구팀의 멤버 모두 각자 고유의 전공분야가 있었기 때문에 STPI 연구를 통해 정책연구 방법론과 정책대안들을 배울 수 있는 좋은 기회를 갖게 되었다. 또한 인도와 동구권 등의 정책사례를 분석하여 과학기술 기반이 취약한 한국이 해야 할 많은 충격적인 정책경험을 할 수 있었고 그때의 연구 경험이 이후에 한국 STPI 팀이 제시한 정책제안을 만드는 데 큰 도움이 되었다. STPI 연구가 1970년대 중반에 시행되었지만 이 연구 사업이 제시한 정책제안들이 1980년대에서 1990년대까지 우리나라 과학기술 입국에 크게 기여할 수 있었다. 말하자면 STPI 정책연구 사업은 한강의 기적을 이루는 정책의 밑그림을 그리고 있었던 것이다

이와 같은 직접적인 과학 기술정책에 집중하였던 STPI 팀이 국제협력연구를 통해 배운 것은 직접적인 과학기술정책보다 더 중요한 영향을 끼칠 수 있는 것은 사회적 간접정책이었다는 것이다. 과학기술과 직접적으로 이해관계가 없는 교육정책, 세제정책, 지역개발정책 등이 장기적으로는 한국의 과학기술능력 개발에 매우 중요하다는 것을 확인할 수 있었다.

과학기술사회(STS)연구실을 설립할 당시 한국은 어려운 문제들을 안고 있었다. 첫째로 전력사정이 좋지 않았다. 부존자원이라고는 저질의 갈탄 정도로 인식되었고 석유는 산유국으로부터의 원유 수입에 전적으로 의존하여야 했다. 제1차 오일쇼크가 일어나기 전에는 1배럴 당 4달러 정도였던 원유가가 석유파동 후에 급격히 상승하였고 원유가에 연동된 석탄 가격도 덩달아 상승하였다. 우리나라와 같은 에너지 수입국으로서는 경제 위기에 대처해야 했다. 대안으로 정부는 원자력발전을 추진하기로 하였다. 원전건설의 중대 조건은 건설비용이었다. 물론 원전에 관한 기술력도 없었으며 전문 인력도 전무하다시피 하였다. 또한 관련 기기 제작업체도 없었으니 원자력발전 계획은 무(無)에서 시작한 에너지 자립 공급을 지향한 대담하고도 경이로운 결정이었다.

과학원의 STS 연구실은 과학기술정책수단 연구를 진행하면서 개발도상국이 과학기술 능력을 자립하는데 엔지니어링 회사의 역할이 중요하다는 것을 알게 되었다. 대학이나 국가연구소에서 시행한 연구사업의 결과는 논문이나 연구보고서로 발표되는데 이 결과물은 발표되자마자 공유물(公有物)이 된다. 그러므로 지적재산권을 보호하기 위해 엔지니어링 및 설계에 관련된 중요 기술은 산업적 비밀(Trade Secret)로 보호해야 경제적 가치를 보유할 수 있는 것이다. 사실 특허권도 발명자의 권리를 법으로 보장해 준다고는 하지만 그 신기술을 공표하는 뜻도 크기 때문에 기술보유자의 권리를 보호하기에는 한계가 있다. 그래서 STS 연구팀은 우리나라 국가이익에 심대한 영향을 미치는 에너지사업에 엔지니어링 회사의 중요성을 정책결정자에게 알려 주었으며 엔지니어링 기능을 강화하는 방안을 연구하여 그 결과물을 우리 정부에 보고하였다.

나는 이 논문의 저자였다. 엔지니어링 회사의 자문역할과 설계능력을 강조하는 이 보고서로 인해 한국원자력기술주식회사(KNE)의 초대 전임사장으로 임명받게 되었다. 1980년대 초의 일이다. 그때 정부로부터 KNE를 기술자립을 이끄는 한국의 엔지니어링 회사로 만들어 달라는 요구가 있었다. 당시 KNE는 경영난에 허덕이고 있었다.

교수생활만을 하던 나에겐 벅찬 직무였다. 그러나 나에게는 나름의 꿈이 있었다. 내 임기 중에는 이루지 못하더라도 언젠가는 선진 대한민국을 이끌어갈 세계적인 엔지니어링 회사를 만들겠다는 비전과 집념이 있었다.

내가 제시한 3대 정책 중 첫 번째는 회사 이름을 바꾸고 수주 용역을 확대하겠다는 것이었다. KNE는 회사 주식의 95%를 갖게 된 한국전력공사의 자회사이니 한국전력기술주식회사(KOPEC)로 개명한다는 것은 명분이 충분했고 설득력이 있었다. 한국전력공사는 한국의 독립적인 전력회사이니 발전뿐만 아니라 송전, 배전 등 전력분야 전체에서 발주하는 용역이 많았다. KOPEC으로 개명하자마자 수주 용역이 용이해졌고 직원들의 사기도 충천하기 시작했다. 그렇게 어렵던 용역 수주가 우리의 뜻과 일할 능력이 있으면 수주하게 된다는 확신이 생겼고 실제로 그렇게 회사 업무가 돌아가기 시작했다. 회사는 창립 이래 처음으로 흑자 경영으로 돌아섰다. 획기적인 사건이었다.

그러나 KOPEC의 핵심 임무는 원자력발전소의 기술자립이었다. 따라서 회사의 장기 비전을 원전설계 엔지니어링의 기술자립에 두고 이를 위한 기획 작업을 시작해야 했다. 1982년 한국 표준원전의 설계사업을 제시하고 사업개발을 시작하자 곧 어려운 도전에 부딪히기 시작했다.

특히 국내에 이미 진출해 있는 외국의 원전회사들은 한국의 경제발전 상황을 파악하고 매력적인 시장으로 여기고 있었기 때문에 우리가 기술자립을 이루고 고유의 표준원전설계를 개발한다는 것은 달갑지 않은 제안이었을 것이다.

이러한 이유로 한전기술은 표준설계사업 초창기에는 자체 비용으로 작업을 해야 했다. 그러나 표준설계 준비기에는 자체

자금만으로도 설계사업을 추진할 수 있었지만 본격적으로 사업이 진전되어 표준설계 개념을 정립시키고 타당성 검토를 하기 위해서는 외부 자금이 필요했다. 한전에서 자금지원이 어려움을 알게 된 우리는 정부의 과학기술처에 특별연구개발비 지원을 신청하였다. 과학기술처는 당초부터 기술자립의 중요성을 인식하고 있었기 때문에 한전기술이 제출한 제1기 한국 원전설계 표준화 사업을 지원하도록 결정하였다.

제1기 보고서의 중요한 결론은 한국표준원전의 노형을 가압경수로(PWR)로 하고 크기는 한국 전력망의 크기를 고려하여 100만 킬로와트급으로 하여야 옳다는 결론이며 앞으로 전력망이 성장하면 140만 킬로와트급으로 올릴 수 있는 원전 모델이 유익하리라는 건의였다. 그러나 가장 중요한 것은 기술제공자가 전폭적으로 한국의 기술자립 의지를 존중하고 기술이전에 협조해야 한다는 것이었다. 우리나라 원전산업을 종속형에서 자주형으로 바꾸어야 한다는 과감한 발상이었다.

이러한 한전기술의 장기 비전정책이 초창기부터 지금까지 지속한 것은 한전기술의 전문 기술자들의 사기를 북돋웠고 결국은 개발도상국에서 기술선진국으로 인정을 받으며 중동의 산유국 UAE에 APR-1400 원전 4기를 성공적으로 수출할 수 있는 기반을 마련한 것이다.

아웅산 참사의 아픔이 가시기 전에 나는 태평양연안원자력 회의(PBNC) 유치에 나섰다. 그때만 해도 우리나라에서 대규모 국제학술행사를 연다는 것은 없었던 경험이었다. PBNC는 태평양 연안 국가뿐만 아니라 원자력 연구개발과 발전에 참여하고 있는 모든 국가의 전문가 회의다. 국제원자력기구(IAEA)의 연차 총회는 주로 핵무기 비확산을 주제로 한 외교적 행사의 성격이 강했지만 PBNC는 원자력의 평화적 이용, 특히 원자력 발전을 통해 탄소연료 사용으로 인한 지구온난화, 환경오염 및 기후변화를 막기 위한 원자력에너지의 활용과 관계된 과학기술 과제를 다루고 원전의 안전공학 적용과 안전 규제시스템을 진작시키고자 하는 에너지 정책 및 기술 국제회의였다.

미국 원자력학회(ANS)가 주관하는 PBNC의 1985년 대회를 대한민국 서울에서 개최하겠다는 것이 우리의 의도였다. 국제무대에서 한국의 원전산업을 소개하고 국제협력을 통한 기술자립을 한 차원 높이는데 중요한 기회가 될 것임을 알고 우리 대표단은 워싱턴에서 열리는 미국 원자력학회의 가을 총회에 참석하기 위해 출발했다. 이때 한전 부사장으로 갓 부임한 박세직 장군이 대표단에 합류했고 과학기술처 원자력위원과 한국의 IAEA 이사직을 역임한 이병휘 박사님이 함께 하여 한국 사정에 어두웠던 나에게 많은 가르침을 주었다.

서울 PBNC 회의는 내용면에서나 규모면에서나 대단한 성공작이었다. 우리의 경쟁자였던 중국대표단도 참가하여 한국의 원자력사업을 본받아 대규모 원전건설계획을 수립하고 차기 대회의 개최지로 결정된 북경 PBNC 준비를 시작하였다. 서울 PBNC의 마지막 행사는 PBNCC(Pacific Basin Nuclear Coordinating Committee)의 결성이었다. 미국 원자력회의가 주도 하였던 PBNC를 이제부터는 참가국 모두의 대표가 참석하는 운영회의가 주도하도록 할 뿐만 아니라 앞으로의 PBNC를 통하여 평화적 원자력에너지 활용을 진흥하고 지역협력체(Regional Cooperation)로 운영하겠다는 우리의 제안을 참가국 모두가 찬성하여 PBNCC를 결성한 것이다.

PBNCC의 공동 회장으로 미국원자력학회의 L. Manning Muntzing 박사와 내가 선임되었다. 이후 PBNCC가 PBNC 회의를 주관하다가 지금은 태평양원자력회의(Pacific Nuclear Council: PNC)로 개칭하여 책임을 수행하고 있다.

PBNC 국제대회를 성공적으로 마무리한 것은 우리나라 원자력산업의 획기적인 발전을 가져왔다. 처음에는 미온적이던 한국전력공사가 한전기술이 만든 한국원전표준화사업을 수용하면서 원자로 기술은 원자력연구소에서, 핵연료 기술은 핵연료가 분담하였고, 원전 전체 설계는 한국전력기술이, 사업 총

관리는 한국전력공사가 또 원전 보수는 한전보수(KPS)가 분담하여 기술전수에 전력을 다하였다.

우리나라 원전산업의 성공은 열심히 공부하고 성실하게 일한 한국 원전기술진의 공로가 절대적이지만 올바른 기술자립 정책과 노형을 선택한 정책 결정자들의 지혜로운 결정이 있었기에 가능했다. 이 일에 관여한 한 사람으로서 깊은 감사를 드린다.

1990년도 10월 말 IAEA 총회를 마감하고 귀국한 나는 곧 대덕과학연구단지 기념행사에 참석하였다. 연구단지 준공기념식 행사가 끝난 후 원자력연구소장이 긴히 보고할 사안이 있다고 급히 나를 찾았다. 내용은 원자력연구소와 충청남도가 협의하에 안면도에 건설할 원자력연구소의 기사용 핵연료처리 연구시설에 관한 것이었다. 예민한 사항이라 부처 간의 긴밀한 협의가 필요한데 주무부서의 통제 없이 진행되는 바람에 장관직 인수 때 보고 받지 못한 것이었다.

큰 문제는 일주일 후에 일어났다. 안면도에 핵처리시설이 들어온다는 특종성 기사가 보도되자 지역주민들이 크게 반발하였다. 격한 시위가 일어나자 정부는 크게 당황하였다. 나는 강영훈 총리를 만나 원자력관련 주무 장관으로서 도의적 책임을 지겠다고 하였다. 강 총리는 "정 장관 취임 전에 일어난 일이 아니야?"며 만류하였다. 나는 "주무 장관이 모르는 사업은 맞지만 국민은 책임지는 정부를 바라지 않겠습니까?"라고 말씀드렸다. 그다음 날 강 총리로부터 전화가 왔다. 청와대에서 내가 도의적 책임을 주무 장관으로서 지겠다는 뜻을 받아들였다는 것이었다.

2차 세계대전을 승리로 이끈 원자력기술의 평화적 이용은 미국 정부의 전폭적인 지원 아래 대기업 주도로 상용원전의 개발 및 보급으로 급속히 확산되었다. 1970년대 초반에 이르면 인허가 기관이 감당할 수 없을 만큼 많은 원전이 발주되면서 심각한 사업지연이 빈번히 발생하였다. 이러한 기술주도 성장이 안고 있는 잠재적 문제는 TMI 사고와 같이 사회적 수용성에 균열이 생길 수 있는 사건이 발생하면 저항에 부딪칠 수밖에 없다. 미국의 원자력산업이 동력을 잃기 시작한 시점이다. 돌이켜 보면, 비록 사고와는 다르지만 우리나라의 반핵운동이 본격화된 시발점이 바로 안면도 사건이었고, 이후 대국민 소통에 대한 획기적인 발상 전환을 이루지 못한 것이 지금의 탈원전정책이 가능한 환경으로 발전하였다고 생각하니 아쉬움이 남는다.

내가 두 번째로 과학기술처 장관으로 임명되었을 때 나는 세 가지 연구 사업을 시작하겠다고 결심했다. 그중의 하나가 핵융합이었다. 23세의 젊은 나이에 미국 대학의 교수직을 뿌리치고 당시 핵융합연구의 선두주자인 프린스턴 대학의 핵융합연구소(PPPL)에 와서 세계 최고의 핵융합실험시설인 스텔라네이터(Stellarator)에서 땀 흘리며 꾸던 꿈을 우리나라 젊은 과학자들이 이어받아 세계 핵융합연구를 이끌게 하겠다는 것이었다.

민간자본 1,500억 원과 정부 연구비 1,500억 원을 투입하여 세계 최고의 핵융합연구시설을 만들겠다는 계획이었다. 이 꿈 같은 계획을 발표하고 김영삼 대통령의 재가를 받고 실행하고자 하자 국내 과학기술계는 찬반으로 갈렸다. 꿈과 같은 연구에 정부연구비를 투입하는 것은 찬성 못 한다는 반대의견이 강하게 몰아쳤다. 반대로 우리나라가 세계 최고의 연구시설을 만들 수 있다면 우리 과학기술계를 획기적으로 발전시킬 수 있다는 찬성 의견도 강했다. 어찌 됐든 대통령의 재가를 받았으니 사업은 개시되었다. 세계 최고의 핵융합시설 K-STAR의 설계는 프린스턴 플라즈마 물리연구소(Princeton Plasma Physics) 지원을 받아 진행, 삼성은 초전도체 자석을 개발하였고, 현대는 초진공실험 진공벽을 이용한 연구장치를 개발·제작하였으며 대우는 강력한 전자장을 만들기로 하였다.

1996년 시작된 K-STAR 핵융합장치는 10년 만에 완공되어 세계 최고의 핵융합실험장치로 인정받고 있을 뿐 아니라 프랑스에서 짓고 있는 국제 핵융합장치의 참조 모델이 된 것이다. K-STAR 장치로부터 배우고 그 기계를 완성한 우리의 젊은 과학기술자들은 이제 세계가 인정하는 중견 핵융합연구 전문가로 인정받아 프랑스 카다라슈(Cadarache)에서 국제핵융합로(ITER) 건설의 핵심 지도자로 일하고 있는 것이다. 그뿐 아니라 K-STAR 사업에서 기기 제작을 경험한 우리나라 기업들이 첫 번째 국제핵융합로 기기 제작에 참여하게 되어 우리나라 과학기술의 위상을 높이고 있다. 나아가 당초 투자했던 3,000억 원의 배가 넘는 액수의 수주를 받아 우리 산업의 발전과 이익을 챙기고 있다.

사실 우리 세대는 6·25전쟁을 겪으면서 피란지 천막 교실에서 배웠고 변변한 교과서나 실험기구도 없이 학교에 다녔다. 그래도 결코 꿈을 잃진 않았다. 조국 재건의 희망 속에서 공부했고, 산업을 일궈 모든 국민이 잘살 수 있도록 국내외에서 땀을 흘렸다. 그 결과로 한반도를 넘어 아시아와 세계로 뻗어 나가고 있다. 우리 세대보다 훨씬 뛰어난 현재 한반도의 청년 세대는 여기서 더 나아가 희망과 사랑을 주는 21세기 초일류국가

대한민국 시대를 열고 세계를 이끌 것으로 믿는다.

이를 위해 다음 8가지를 제안한다. 첫째, 도산 안창호 선생의 가르침대로 꿈속에서도 정직한 도덕사회를 이루자. 둘째, 지식전수를 넘어 서로 협업하고 인정하며 함께하도록 인격교육을 하자. 셋째, 과학기술에 계속 도전하고 개척해 무한 가치창출의 과학기술 경제를 건설하자. 넷째, 지구촌 환경오염을 최소화하며 전력을 공급하는 산전국(産電國)이 되자. 다섯째, 핵무기 같은 대량파괴 무기를 근절하고 국민이 공포에서 벗어나도록 6자회담을 확대한 지역안보기구인 아시아태평양조약기구(PATO)를 창설하자. 여섯째, 모든 국민이 노후에도 편히 지내도록 사회안전망을 강화하고 능력 있는 시민들은 나눔과 봉사의 이타정신을 발휘하자. 일곱째, 한류를 확산·확대해 대한민국을 희망의 브랜드와 메시지로 만들자. 여덟째, 지도자들은 사랑과 봉사의 일꾼이 되고, 대한민국은 국제사회의 헌신적인 친구가 되자.

모든 세대가 힘을 모아 이렇게 한다면, 대한민국이 깨어나고 일어나 21세기 초일류국가로 우뚝 설 수 있다고 확신한다. 이는 평생 과학기술자로 살아온 나의 꿈이다.

준수에게

이 중 재

할아버지: 준수(초등 4학년생, 큰 손자)야! 넌 밥은 왜 먹니?

준수: 배 안 고프려구요.

할아버지: 배가 고프면 어떻게 될까?

준수: 머리도 어지럽고 힘이 없어져요.

할아버지: 그렇다면 밥을 먹지 않는다면 사람은 어떻게 될까?

준수: 굶어 죽게 되죠.

할아버지: 닭이 먼저일까, 달걀이 먼저일까? 그렇듯이 살기 위해 먹어야 할까, 먹기 위해 살아야 할까?

준수: 살기 위해 먹어야 할 것 같아요.

할아버지: 그래, 사람은 살기 위해 먹어야 하고, 먹기 위해 일해

야 한단다. 그렇다면 사람이 살기 위해 먹는 것만 필요할까?

준수: 옷도 필요하고, 책도 필요하고, 컴퓨터도 필요하고, 핸드폰도 필요하고…. 필요한 게 너무 많아요.

할아버지: 네가 말하는 컴퓨터나 핸드폰을 사용하려면 뭐가 있어야 될까?

준수: 전기요.

할아버지: 사람이 먹는 음식 중에는 익혀 먹어야 하는 게 많아서 전기가 필요하고, 네가 말한 것들도 전기가 있어야 사용할 수가 있어.

준수: 할아버지, 그러면 전기는 어떻게 만들어져요? 우리 눈에는 보이지 않는데..

할아버지: 전기를 만들기 위해서는 여러 가지 방법들이 있는데, 전기는 다시 말해 불을 의미한단다.

인류가 처음에 불을 몰라서 생선도 잡으면 날 것으로 먹고, 동물도 잡으면 그냥 먹었는데, 그러다가 인간이 불을 발견하게 된 거야.

나무를 베어서 불을 피우고 음식도 익혀 먹고 겨울에는 따뜻하게 지내고…. 그래서 인간의 수명도 길어진 거야.

준수: 그럼, 인간은 계속 나무를 베어서 불을 지피고, 음식도 익혀 먹고… 그렇게 살게 되었나요?

할아버지: 아니야, 영국에서 석탄을 캐서 연탄을 사용하게 되었는데 그게 그 당시에는 대단히 획기적인 일이었어. 그래서 1차 산업혁명이라고 부르게 된 거지. 그런데 세월이 흐르다 보니 연탄보다 더 좋은 가스를 발견하게 된거야. 그런데 연탄은 일산화탄소라는 게 나와서 사람들이 냄새를 마시게 되어 많이 죽는다는 걸 알았지.

가스를 개발해 놓고 보니 일산화탄소가 안 나오니 얼마나 좋았겠어. 그런데 지나고 보니 가스에는 지구온난화를 일으키는 메탄이 많이 나오게 된 거지. 인간은 꾸준히 연구하고 뭔가를 계속 발견하는데 그 후 1896년에 베크렐이라는 사람이 방사능을 발견하였고, 퀴리부인이 발전시켜 노벨상을 받을 정도였어. 지금 인간은 방사선으로 인해 의료의 혜택을 받아 수명은 점점 더 길어지고 있고, 전기를 만드는 데 사용하는 원자력이 미세먼지도 없는 청정에너지란다.

준수: 할아버지, 원자력은 방사선 때문에 위험하다고 들었는데요?

할아버지: 방사선이 매우 위험하지. 그렇기 때문에 안전하게 하기 위해 원자로를 쌓고 있는 둥근 돔 모양을 격납건물이라고 부르는데 팬텀기가 친다 해도 끄덕없을 정도로 두껍고 안전하게 만들었단다.

준수: 그러면 왜 사람들은 위험하다고 말하나요?

할아버지: 네가 크면 알게 되겠지만, 각자의 이권이 얽혀 있어서 그래. 우리나라는 원래부터 자원이 없어서 모두 다른 나라에서 수입해 쓰고 있는데 원자력은 우리 기술이 월등해서 오히려 수출까지 하고 있고, 원자력발전소의 재료인 우라늄의 가격도 매우 싸단다. 1998년에 준수 네가 태어나기 전에도 우리나라가 매우 큰 위기가 있었는데 그걸 지혜롭게 넘길 수 있었던 것도 원자력발전소로 인한 전기가 있었기 때문이야.

준수: (끄덕끄덕)

할아버지: 원자력 발전소를 중동 아랍에미리트에 4기를 수출했는데 그게 현대 소나타 승용차 100만대나 핸드폰 2,000만 개를 수출한 거와 같은 거란다.

또 준수 네가 나중에 커서 이 분야에서 일하게 된다면 할아버지가 얼마나 자부심을 느끼겠니?

네 말대로 그렇게 위험하다면 내가 사랑하는 손자한테 그 일을 해보라고 권하겠냐 말이야. 할아버지는 원자력발전소의 산증인이란다.

준수: 할아버지, 아직은 잘 모르겠지만 전 그냥 할아버지가 좋아요.◆

필자들을 소개합니다(가나다순)

김시환: 글로벌원자력전략연구소장,
한국원자력학회 회장

김진현: 세계평화포럼 이사장,
과학기술부 장관

김재록: 한국원자력연구소 방사선응용연구 부장,
한양대학교 원자력공학과 겸임교수

노윤래: 한국원전연료 사장,
한국전력공사 원자력본부장

노재식: 한국환경기술개발원 초대원장,
한국기상학회 명예회장

신재인: 국가핵융합연구소 소장,
한국원자력연구원 원장

이광영: 한국일보 과학·의학 전문기자,
한국과학기자협회 회장

이익환: 한전원자력연료 사장,
IAEA 자문위원

이용수:	동아일보 기자,
	한국과학기자클럽 회장
이종훈:	한국전력공사 사장,
	한국 최초 고리1호기 건설업무
이중재:	한국수력원자력 사장,
	한국원자력문화진흥원 이사장
이창건:	한국원자력문화진흥원장,
	제1회 국가과학기술유공자
장문희:	한국핵물질관리학회 회장,
	대덕클럽회장
장인순:	대덕원자력포럼 이사장,
	한국원자력연구소 소장
정근모:	과학기술처 장관,
	IAEA 총회의장
조 만:	한국원자력연구원 고속로연구개발 부장
	한국과학기술정보연구원 전문연구위원
채성기:	한국동위원소협회 부설 동위원소교육연구원장,
	국방과학연구소 실장
한영성:	국가과학기술자문회의 위원장,
	과학기술부 차관

필자는 1949년 서울대학교 전기공학과(이창건), 물리학과(노재식) 입학생부터 1971년 서울대학교 원자핵공학과(장문희), 한양대학교 원자로공학과(이익환) 입학생까지 원자력에서 한 평생을 몸바쳐온 고경력자이다.

그때 그리고 지금

지은이 | 이창건 외 17
발행처 | 사단법인 한국원자력안전아카데미
펴낸곳 | 글마당
편집디자인 | 정다희
사진 | 문찬국, NASA(한반도 야경)
기획 | 한은옥

(등록 제02-1-253호, 1995. 6. 23)

만든날 | 2019년 6월 25일
펴낸날 | 2019년 7월 4일

주소 | 서울시 송파구 송파대로 28길 32
전화 | 02. 451. 1227
팩스 | 02. 6280. 9003

홈페이지 | www.gulmadang.com
이메일 | vincent@gulmadang.com

ISBN 979-11-961922-0-4(03300)

◈ 이 책의 무단복제나 무단전제는 지적재산을 훔치는 저작권 위반 행위입니다.
◈ 잘못된 책은 바꾸어드립니다.
◈ 이 도서의 국립도서관 출판사도서목록(CIP)은 서지정보유통지원시스템 홈페이지
  (http://seoji.nl.go.kr)와 국가자료종합목록시스템(http://www.nl.go.kr/kolisnet)에서
  이용하실 수 있습니다.

◈ 이 책은 서울대학교 원자력정책센터에서 지원을 받아 제작되었습니다.